〈英国紳士〉の生態学

ことばから暮らしまで

新井潤美

講談社学術文庫

はじめに

アクセント、家、車、学校、スポーツ、食べ物、ファッション、飲み物、喫煙、スーパーマーケット、メロドラマ、休暇を過ごす場所、そして運動靴にいたるまで、生活のほとんどあらゆるものに微妙な、あるいは明白な、階級をあらわす名札がついてくるのである。
（アンドリュー・アドニス、スティーヴン・ポラード『ア・クラス・アクト』）

イギリスに少しでも生活していると、「階級」ということを意識せずにはいられなくなる。特に、イギリスで学校生活を送った場合、しかもそれが寄宿学校であった場合にはなおさらだ。これは別にイギリスの学校において、特に階級意識や階級差別という要素があるからではない。そうではなく、逆に学校の世界にあまりにも慣れてしまうと、一歩外に出ていったときに、学校の中の均一化された世界と、外の多様な世界とのギャップに大きくとまどうのである。まわりの人間の言葉遣いもアクセントもさまざまで、さらに生活習慣も自分が慣れてきた世界とは違う。紅茶にミルクを入れるのが先だったり、後だったり、はたまたミルクの代わりにコンデンス・ミルクを入れたり、といったことが、たんに個人の好みの問題やその地方の慣習といったことだけではなく、必ず「階級」という要因がつきまとうのがイギリスなのである。

私がウェールズの近くのチェルテナムという町にある全寮制の女子校に入ったのは十三歳の誕生日の一か月ほど前だった。当時父の仕事の都合でオランダのアムステルダムに住んでいたが、そこにはよい英語の学校がないので、イギリスの寄宿学校に入ることになった。イギリスの学校についての知識がほとんど皆無だった両親は知り合いのイギリス人に相談し、彼が勧めた学校に安易に決めてしまったのだが、これが、後からわかったことだが、イギリスでもいまどきめずらしいほどの古風な「お嬢さん学校」だったのである。

Cheltenham Ladies' College と呼ばれるこの学校は蔦のはう灰色の古めかしい校舎と、そこから徒歩一〇分から一五分くらいの距離に点在する一〇の寮からなっており、各寮には一年生から六年生まで、六〇人ばかりの生徒が生活していた。部屋は学年ごとに分かれていて、各部屋にベッドが一〇台ほど、シャワー室のように壁とカーテンで仕切られていた。

朝の七時。大きな銅鑼《どら》の音が突然夢の中に侵入してくる。顔を洗いにいき、制服に着替えるとベッドメーキング。ベッドのまわりを片づけて朝食をとりに降りて行く。掃除は掃除のおばさんたちがやってくれるので必要ない（イギリスの学校では普通は生徒が掃除をすることはない）。月曜日の朝は、食堂の前に箱が置かれ、席順を示す番号の入った札を中を見ずにとりだす。それから食堂の入り口にある棚からそれぞれのナプキンをとり、テーブルにつき、朝食が始まる。

午前中の授業の後、昼食は寮に戻ってとるが、ここでテーブル・マナーがたたきこまれる。ナイフとフォークの両方を必ず使う。口にものを入れたら手を動かしてはいけない。ポテトや野菜の皿がテーブルに置かれているが、自分がとる前に必ず上級生に勧める。塩がほしいときは腕をのばしたりせず、近くの人に取ってもらう（イギリスの料理は味がないものが多い。ある日本の友人は、英会話の本に“Pass the salt, please”という表現がいつも登場するので、なぜイギリス人はこんなに塩を好むのかと不思議がっていたが、料理の味もみずにまず塩をかける癖がついてしまうのである）。デザートは必ずスプーンとフォーク、あるいはフォークだけで食べることになっており、たとえアイスクリームでもスプーンのみで食べてはいけない。背筋をのばして座り、使っていない方の手は膝にのせる。肘をついてはいけない。ほおばってはいけない。口にものを入れてしゃべってはいけないが、黙っていてもいけない（寮長先生が何か口に入れたとたんにわざと話しかけて困らせるのが流行った）。同じテーブルのメンバーがあまり親しくない者どうしでも、とにかくなにか話さなければならない。特に寮長先生のテーブルにあたるとつらかった。テレビは週一回しか見られないし、日曜日に教会に行く以外は外出は一学期に二度しか許されないのでとにかく話題がないのだ。食事の時間に授業の話をすることは、社交の場で仕事の話をすることに相当するため、顰蹙《ひんしゅく》をかう。残さず食べるということはあまりうるさく求められないが、食べるペースを周囲に合わせることは要求される。こうしてなんとか無事に食事が終わると神に感謝の祈りをささげ、また授業に向かう。日曜日は授業がないが、その代わり、「よそゆき」の制服を着て、決められた帽子と革の手袋（夏学期には白い手袋！）を身につけ、教会に出かける。

いかにも窮屈な生活のようだが、特に不自由には感じなかった。私は小学校は香港のイギリス人学校に通っていたが、じっさいにイギリスで生活するのははじめてだったので、イギリスの学校とはこんなものなのだろうと、素直に納得していたのだ。自分が実はかなり特殊な環境にいたのだと理解したのは、それからしばらくして、家族がイギリスに越してきたのをきっかけに、ロンドン郊外のクロイドンという町の学校に、通学生として転校したときである。ここではなにもかも違っていた。テーブル・マナー一つとっても、ナイフの持ち方、デザートの食べ方が違っていたし、ものの呼び名、生徒の髪型、服装などにも明らかな違いが見られた。なかでもいちばん大きな違いは話し方だった。学生だけでなく、ほとんどの教員がいわゆる「クイーンズ・イングリッシュ」とは少々異なった発音で話すのである。しかしチェルテナムの学校と同様、クロイドンのこの学校も私立の寄宿学校で、両方とも、イギリスの私立学校を紹介した分厚いハンドブックに掲載されており、それぞれの紹介文を見た限りでは、この二つの学校は、そう根本的な違いがあるとは思えなかったのだ。その後家族の引っ越しに伴って私はもう一度、今度はロンドン市内の私立の女子校に転校したが、そこは一八五八年にチェルテナム・レイディーズ・コレッジ校長に就任し、「キューピッドの矢を感じない」と謳われたドロシア・ビール女史（一八三一―一九〇六年）の母校であり、ロンドンという場所柄、チェルテナムよりは数段自由な雰囲気であったものの、もとに戻ったような感じだった。同じ私立のミドル・クラスの子女のための学校でなぜこんなにも異なっていたのか。それはあえていえば同じミドル・クラスでも、一方は「アッパー・ミドル」、もう一方は「ロウアー・ミドル」を対象とするものだったからである。外国人である私たちは、最初はなにもわからずに、地理的条件や知人の推薦をもとにして学校を選んでいたのだが、学費の面ではこの二種類の学校にはそう大きな違いがあるわけではない。一方が特に「金持ち用の学校」あるいは「家に何台自家用車があるかが問題になる学校」などということでもない。生徒の親たちは自然に自分たちに合う学校を選んでいるだけなのである。

この頃から私は「ロウアー・ミドル・クラス」と呼ばれる存在を意識するようになり、大きな関心を抱くようになった。彼らは自分の子供を地元の公立の学校にはやりたがらない。自分たちをワーキング・クラスから区別したがる。しかし、同じ「ミドル・クラス」であっても、「アッパー・ミドル・クラス」とは明らかに違う。彼らはテレビのコメディや映画、小説、演劇などで、つねに笑いの対象となっている存在である。しかもその数はきわめて多い。庭のついた、郊外のこぎれいな家に住み、夫は毎日電車で通勤、妻は家で家事をしながら夫の帰りを待つ。夜は一家でテレビを見て、週末は庭いじりかドライヴ。外国人からは「典型的なイギリス紳士」と思われがちな彼らだが、彼らにあてはめられる「サバーバン（郊外の住人）」や「ロウアー・ミドル・クラス」といった名称は、揶揄《やゆ》や嘲笑、嫌悪、あるいは自嘲を含んでいるのである。

イギリスを少しでも理解しようとした場合、「階級」というコンセプトを無視することができないのは、冒頭にあげた引用のとおりである。しかもその中で、「ロウアー・ミドル・クラス」という存在、彼らの存在に対するまわりの反応、そして彼らの固定観念は、イギリス人の階級観や階級に関するこだわりがはっきりと現れる部分である。ところが比較的最近まで、階級を扱った歴史、社会史、文化史や文学研究においては彼らは「ミドル・クラス」として論じられ、その独自性が大きくとりあげられることはあまりなかった。一つの理由は本文でも触れたが、ミドル・クラスという枠組の中で「アッパー」「ミドル」「ロウアー」という区分におおっぴらにこだわると、自分がスノッブに思われてしまう、あるいは自分はどこに所属するのかを問われる、という結果を招くおそれがあるので、あえて言葉には出したがらないイギリス人が少なくないということである。しかし「ロウアー・ミドル・クラス」、少なくともそのイメージはまちがいなく存在する。

そこで、本書ではイギリスにおける「ロウアー・ミドル・クラス」のイメージの作られた過程をたどることによって、「世界中でもっとも階級にとりつかれた国」（ジョージ・オーウェル）とその国民の一つの姿を追っていきたい。

目次

〈英国紳士〉の生態学

〈英国紳士〉の生態学

ことばから暮らしまで

第一章　二つのミドル・クラス

ロウアー・ミドル・クラスよ頭《こうべ》をたれよ！
商人よ、大衆よ、頭《こうべ》をたれよ！
（W・S・ギルバート『アイオランシ』第一幕）

分をわきまえない人々

そもそもロウアー・ミドル・クラスとは具体的にどのような人々を指すのだろうか。ジェフリー・クロシック編『イギリスにおけるロウアー・ミドル・クラス』（一九七七年）では次のような定義がなされている。

イギリスにおけるロウアー・ミドル・クラスは二つの主なグループに分けることができる。一方では商店経営者や中小企業の経営者といった古典的なプチ・ブルジョアジーがおり、もう一方には新しいホワイト・カラーの俸給生活者がいた。このなかで特筆すべきなのは事務員《クラーク》だが、ほかにマネージャー、販売外交員、学校の先生や、ある種類の店の店員も含まれていた。さらに、下級の知的職業階級者《プロフェッショナル》もおそらく含まれていただろう。彼らは確立した《エスタブリッシュド》ミドル・クラスに数えられがちだが、下級の事務弁護士などの中には、仕事の規模がかなり小さく、ぎりぎりのところでようやく営業していた人々がいたはずだからだ。

ここで「確立した《エスタブリッシュド》ミドル・クラス」と呼ばれているのはいわゆるアッパー・ミドル・クラスと呼ばれる人々である。『オックスフォード英語辞典』第二版によると、「アッパー・ミドル・クラス」とは、「上流社会 (polite society) においてアッパー・クラス (upper class) のすぐ下に位置する階級」とあり、初出は一八七二年になっている。つまり、同じミドル・クラスでも実はアッパー・ミドル・クラスはアッパー・クラスとともに「上流階級」に属し、「ロウアー・ミドル・クラス」は、ワーキング・クラスと同じ階層に分類されるのである。たとえばイギリスの階級を研究している歴史学者デイヴィッド・キャナダインは著書『英国上流階級の衰亡』(一九九〇年) の「プロローグ」の中で、ロウアー・ミドル・クラス出身の自分が上流階級について書くのは、アッパー・ミドル・クラス出身の歴史学者が労働者階級について書くこと以上に (あるいはそれ以下に) 奇妙でも例外的なことでもない、と書いている。今日でも便宜上「ミドル・クラス」と大きく分類されている人々の間にはこのように、自分がアッパーかロウアーかという、はっきりとしたアイデンティティが存在しているのである。

前述のように、アッパー・ミドル・クラスは、いわゆるアッパー・クラスと同じ「上流階級」に属するわけであり、この二つの間にはっきりとした境界線をひくのは難しい。J・F・C・ハリソンの『後期ヴィクトリア朝の英国　一八七五—一九〇一』（一九九〇年）によると、「ミドル・クラスの最上部分は貴族階級と親しくつきあい、親戚関係も築いていた」のである。ハリソンはアッパー・ミドル・クラスについて、「ロンドンの金融家と商人、そしてイングランド北部と中部の製造業者、という二つのグループにはっきりと分けられる」と書いているが、それ以外にも、イギリスの長子相続制によって、親から土地を受け継ぐことができずに軍隊に入る、知的職業につく、あるいは商業に携わることを強いられた、上流階級の次男、三男たちがいた。彼らは職業についていても自分たちが「ジェントルマン」であるという自覚をもっていた。また、知的職業においても、クロシックの言うように、階級の差ははっきりしていた。たとえば、自分自身もロウアー・ミドル・クラス出身で、この階級を題材にした小説を書いているアーノルド・ベネット（一八六七—一九三一年）の『二人の女の物語』（一九〇八年）では、ロウアー・ミドル・クラスの両親が、息子の将来に関して野心を抱き、思いをめぐらす場面がある。

自分たちの息子は上に昇るだろうし、必ず昇らせる。医者！　事務弁護士！　法廷弁護士！　いや法廷弁護士はだめだ。あまりにも大それた夢だ。

同じ知的職業であっても、医者や事務弁護士と法廷弁護士の間に大きな溝があるのが明らかにされている。たとえば法廷弁護士の妻は宮廷で紹介される（be presented at court）ことができたが、事務弁護士の妻はそれができなかった。この溝は実力や努力といったもので飛び越えられるものではなく、法廷弁護士という職業がしょせんは上流階級の子弟、つまりジェントルマンの職業で、ロウアー・ミドル・クラスにとっては手の届かないところにあることが、この両親の哀しくも滑稽なやりとりによって示されているのである。

しかし十九世紀の終わり近くに人々の注意をひき、かつてない発展をとげたのは、ロウアー・ミドル・クラスの中でも、都市のホワイト・カラーの俸給生活者、つまり事務員《クラーク》と呼ばれる人々であった。その数は一八七一年から一八八一年の一〇年間で八〇・六パーセント増えたといわれている。これはヴィクトリア朝後半の国際貿易の発達の結果、小売業、市場取引、流通、銀行業、そして財政の規模が大きくなり、より複雑なものになっていったことの結果だった。彼らについては後の章でもう少し詳しく述べるが、ワーキング・クラス出身者であり、両親よりも高度な教育を受けさせてもらい、その結果、あらたにミドル・クラスの仲間入りをなしとげた人々が主な部分を占めていた。そしてこの頃から、軽い読み物や雑誌、芝居などの娯楽の場においてこの新しく勢いをつけたロウアー・ミドル・クラスを揶揄し、嘲笑し、笑いの材料としたものが目立って多くなっていったのである。

そもそもロウアー・ミドル・クラスという言葉が頻繁に使われるようになったのは十九世紀後半である。「最近はこういった貧しい人々を「ロウアー・ミドル・クラス」と呼ぶのが流行っている」（一八六一年四月十三日の『サタデイ・リヴュー』掲載、ジョージ・エリオットの小説『サイラス・マーナー』の書評）という記述からも明らかなように、彼らを、「ミドル・クラス」の一員としてみなすことが、新しかっただけであって、職人や小規模の商人などのいわゆるプチ・ブルジョアジーはもちろんそれ以前から小説にも舞台にも登場していた。劇作家フランシス・ボーモント（一五八四頃―一六一六年）とジョン・フレッチャー（一五七九―一六二五年）の合作と言われる喜劇『燃えるすりこぎの騎士』（一六〇七年頃か一六一〇年頃初演という説が有力）では、芝居を見に来ていた町人とその妻が舞台に上がり込み、芝居の展開や台詞《せりふ》にいちいち口を挟むという設定になっている。この芝居の冒頭では舞台で俳優が前口上を述べているところを、観客席からこの町人が舞台に上がってきて、芝居に難癖をつける。

「この劇場では七年間芝居が上演されるのを俺は見てきたが、おまえたちはいつも町人を馬鹿にしている。そして今日のこの芝居も「ロンドンの商人」ときたもんだ」と抗議する町人は、自分が食料品商であることを明かし、食料品商が「感嘆すべきこと」をやってのける芝居を上演しろ、と要求する。

町人の抗議も無理のないことで、この時代にはベン・ジョンソン（一五七二―一六三七年）やトマス・ミドルトン（一五八〇頃―一六二七年）をはじめとする多くの劇作家がその喜劇の中で「市民」を笑いの対象にしている。しかし、これらの芝居は必ずしも「市民」の風刺そのものが目的というわけではない。たとえば『燃えるすりこぎの騎士』では商人の金銭に対するこだわり、散文的な思考、飲食への執着、「紳士《ジエントルマン》」に対するこだわり、粗野で愚直な文学趣味などが揶揄の対象となっているが、これはあくまでも一つの人間のタイプを笑いの対象とする喜劇の手段にすぎない。同じボーモントの『女嫌い』（一六〇七年）という喜劇では風刺の対象はジェントルマンになっているし、ジョンソンの喜劇のように、さまざまな階級や職業の人間がそれぞれ「典型的」にふるまうことによって喜劇的な状況が発展するという作品も多かった。つまりここでは「市民」も「商人」も、「田舎貴族」「都会の伊達男《ダンディー》」「悪徳聖職者」などのカリカチュアの一つなのである。

一方、十九世紀から二十世紀にかけて目立つのは明らかな「ロウアー・ミドル・クラス・バッシング」である。しかもその対象は特にこの時期に急激に勢いが増し、数が増えたホワイト・カラーのサラリーマンだった。そして理由もはっきりしていた。彼らの上昇志向、「リスペクタビリティ」志向である。

そもそもイギリスの階級社会において「分をわきまえない」というのは大きな罪であり、

上からも下からも非難と嘲笑を浴びせられるべきことがらであった。ダニエル・デフォーの『ロビンソン・クルーソー』で、海に出たがる息子を引き留めようとする父親の説教は有名である。

父が言うには外国に冒険に行き、才覚を働かせて上の地位に上がり、普通とは違ったやり方で名を挙げるような人々は破れかぶれの男たちか、あるいは大志を抱いた、恵まれた人々だということで、これらのことがらは私などの手の届かぬ高いところにあるか、あるいはあまりにも低いところにある、ということだった。私の地位は真ん中、あるいは下層階級の上部とも言えるところにあり、それが父の経験では世界でもっともよくて、もっとも人間の幸福にあっていて、労働者の苦悩、苦労、労働や苦しみにさらされてもいなければ、上流階級の自尊心、贅沢、野心や羨望にも侵されていないものだというのだった。

彼らはつまり、後にロウアー・ミドル・クラスと呼ばれることになる階級に属しているわけだが、これに満足しないクルーソーは父親の忠告を聞かずに家をとびだす。彼は後に逆境の中で何度も父親の言葉を思い返し、自分の今の不幸な境遇も、自分の社会的地位に満足せずに野心を抱いてしまったことに対する当然の報いだと反省する。これだけだと『ロビンソン・クルーソー』はまさに分をわきまえることを奨励し、礼賛する作品であるかのようだが、最後にはクルーソーは、その野心と商才によって富を築く。そして養子にした甥二人のうちの一人には土地を与え、ジェントルマンにしてしまうのである。

じっさい、細かい階層から成り立っているイギリスの社会は、一方では他国の人々に驚かれるほど、階級間の動きが可能であった。商人が富を築いて土地を買って貴族の仲間入りをすることも可能ならば、また一方では、長子相続制の結果、貴族の次男、三男が職業についたり、あるいは商人に弟子入りするという、逆方向の動きもあった。

このように、ある程度の動きが可能であればこそ、微妙な階層の差に対するこだわりが強くなり、動く者に対する動かない者の軽蔑も強くなるのかもしれない。しかも、当然のことだが、上から下よりも、下から上に動こうとする者に対する風当たりの方が強い。ただし、クルーソーのように、自分で苦労し、才覚をはたらかせ、実力でもって上に動くことに事実上成功した者は、そもそも数はそれほど多いわけではないし、ある程度の評価と敬意は与えられた。揶揄や嘲笑の矛先が向けられるのは、内容が伴わないのに外見的なことだけで上の階層の者を模倣し、猿真似をする人々だった。

「ジェントルマン」と「ジェント」

一八四七年にアルバート・スミスという人物による『ジェントの発達史』という本が出版

された。「ジェント」という言葉はもともとは「ジェントルマン」の略語だったのが、一八四〇年代頃から、逆にジェントルマンではない人間を指す、下品な表現になっていた。スミスは「ジェント」を次のように定義する。

あらゆる種類の人間の中でももっとも軽蔑に値する種類の人間。主な理由がその猿真似にある。彼が自分よりも優れた人々を真似ようとする無駄な努力はわれわれの中に軽蔑と可笑《おか》しみの入り交じった感情を巻き起こす。

作者はジェントの服装に触れた後、「劇場におけるジェント」「野外におけるジェント」「川で遊ぶジェント」「海辺のジェント」などと題した章で、ジェントの娯楽や生活習慣を論じている。そしてどの章にも一貫したテーマは、分不相応なことを試みる者への嘲笑なのである。たとえば「川で遊ぶジェント」の次のような描写では、メッセージは明らかだ。

ジェントルマン階級の猿真似をしようとする彼らの猛烈な努力はわれわれにとって滑稽というよりも痛々しいものである。そしてわれわれの目には、自分の階級の服を身にまとった労働者の方が、まったくもって身につけることのできないスタイルや身のこなしを真似ようとするジェントなどよりもはるかに敬意を払うに値する（リスペクタブル）

ように映るのだ。

この「ジェント」とは、具体的にはどういう人なのか、「海辺のジェント」の章には、次のような記述がある。

彼らはシティに店か倉庫か会計事務所を持ち、郊外の住宅に安楽に暮らし、社会の慣習にはすべて従い、年に一度くらいオペラにでかけ、ロンドン市長公邸の舞踏会に思いをはせ、ファッション書に書いていることをおおいに信じる。さて、これらの善良な人々はラムズゲート〔イングランド南東部の保養地〕にきわめて愛着があり、家族とともにそこに出かける。この階級の娘たちはそう悪くない。クラッパムかチジック〔ロンドンの郊外〕の学校は彼女たちにある程度の教養を教え、それは彼女たちの仲間の間では十分な教養として通用する。しかし息子たちは皆ジェントだ。彼らの両親が、自分たちのディナー・テーブルを華やかにすればするほど社会的地位が高まるのだと信じているのと同様に、彼らの息子たちは、二、三の値の張る、派手な装身具を持っていれば、生まれも育ちも良いジェントルマンと同等になれると思っている。

スミスはさらに二年後に『夜のパーティの発達史』という本を出版しているが、そこでは同様に、社会生活に慣れていない人々が、おっかなびっくり社交界に入ってゆくさまを皮肉っている。

その家の婦人が、舞踏会の衣裳に身を包んで誇らしげに歩き回るのを見るたびに、六時間から八時間前にはいかに違った光景が見られたか思わずにいられない。そのときには彼女は、使用人にまかせてこわされるといけないので、自ら古いキッド革の手袋をはめて、アラバスターでできた安物の装飾品やティーカップやたんすの埃を払っていたのだから。

こういった記述からも、ここで嘲笑の対象となっているのが、新しい地位についたばかりの成り上がり者であることがわかるが、このような本を読んでいたのがすべて、昔からの上流階級だったわけではない。時代は少しさかのぼるが、ジェイン・オースティン（一七七五―一八一七年）の『高慢と偏見』（一八一三年）には、次のような記述がある。

彼らはイングランド北部のきわめてリスペクタブルな家の出身だった。このことは、彼らの兄弟と彼ら自身の財産が商業《トレード》によって築かれたのだという事実よりも強い印象を彼ら自身に与えていたようだった。

ここで使われている「リスペクタブル」(respectable)という言葉はきわめて日本語に訳しにくい。英和辞典には「尊敬に値する」「礼儀正しい」「上品」などの定義が見られるが、イギリスにおいてこの言葉は、時代によってニュアンスや使われ方がまちまちなのである。これについては後の章でもう少しくわしくとりあげるが、ここでは「リスペクタブル」は「ジェントルマンの階級とみなされる」といった意味で使われている。つまり、もともとアッパー・クラスの出身でなくとも、一代でジェントルマンの階級に達することは可能だったわけだ。逆にそれだからこそ、ジェントルマンの階級に達した人々は、下から上がってこようとする人々に対して厳しかったのかもしれない。じっさい、中産階級を題材にしたヴィクトリア朝中期の小説には、こういった、階級の細かい約束ごとと、それをめぐる悲喜劇が非常に多い。それは微妙な言葉遣いの差から、生活習慣の違い——いつ、何を食べるかといったことまで、じつに細かいことがらだった。

昼食時、ギブソン夫人は、カムナー卿がこの食事が彼女のディナーだと思っていることに、ひそかに傷ついていた。というのも卿はしきりに彼女に向かって、ディナーなのだからきちんと食べるようにと呼びかけていたからだ。彼女が柔らかい、高い声で「私はお昼間にはディナーはいただきませんのよ」と呼びかけてもまったく無駄だった。

これはエリザベス・ギャスケルの小説『妻と娘』（一八六四―六六年）の一節である。昼間にディナーを食べるのは上流階級のならわしではないとして、医者の妻である上昇志向のギブソン夫人は、自分にとってのディナーは、上流階級と同じく、夜にとるものであることをなんとかわからせようとする。こういったスノッブ行為の描写は、これを超越した上流階級だけではなく、こういったことが切実な問題であるミドル・クラス（アッパーもロウアーも含めて）にこそ読まれたのである。

こうして、最初に商業《トレード》に携わっていることで、地主階級および知的職業者《プロフェッショナルズ》の嘲笑の的だったプチ・ブルジョアジーが富を築き、土地を買い、子供に良い教育を受けさせ、社交界の仲間入りをするにしたがって、これらのえせジェントルマン階級もしだいに「確立《エスタブリッシュド》した」ミドル・クラスの地位を得るようになる。たとえばチャールズ・ディケンズの『ドンビー・アンド・サン』（一八四六―四八年）のドンビー氏などは、父親から受け継いだ会社に対して、家族に対する以上の愛情と誇りを感じる、まったくの「ビジネスマン」であるが、その暮らしぶりや従業員に対する態度にはおのれの地位に関する不安はまったく見られない。それでこそ「確立《エスタブリッシュド》した」存在なのであり、自分の会社の事務員などの、自分より下のミドル・クラスの人々を見下すことができるのである。

劇場におけるミドル・クラス

ここで、ヴィクトリア朝の文化を語る上で避けることのできない人々、現在でもイギリスのミドル・クラスの文化とアイデンティティと切り離すことのできない人物二人について触れる必要がある。劇作家W・S・ギルバート（一八三六—一九一一年）と作曲家アーサー・サリヴァン（一八四二—一九〇〇年）である。この二人は共同で一八七五年から一八九六年までの間、一四のオペラを書いた（正確には一五だが、一八七一年に初演された最初の合作『セスピス』はあまり成功を収めず、その後、楽譜がなくなってしまい、再演不可能となってしまった）。そのうちの九つはロンドンのサヴォイ劇場で上演されたため、彼らの作品はサヴォイ・オペラの通称で知られている。サヴォイ・オペラは現在でも英語圏の国を中心に上演され、CDやビデオに収録され、「古きよきイギリス」の文化の一つとして根強い支持を受けているが、初演当時もたいへんな人気を博し、なかでも一八八五年初演の『ミカド』は六七二回の連続公演という、当時では驚異的なロングランをなしとげた。

この章の冒頭に引用した『アイオランシ』はギルバートとサリヴァンの七作目で、一八八二年の初演で三九八回の公演を数えた人気作品である。アイオランシというのは妖精なのだが、妖精の国の掟を破って、人間と結婚した罰で、二五年間、川の底に幽閉されている。それが妖精の女王の慈悲で、このたび許されることになったというところから話は始まる。彼女には夫との間に上半身が妖精、下半身が人間の、ストレフォンという息子があり（当時にしてはかなりきわどい筋書だった）、羊飼いをしている。ストレフォンは羊飼いの娘フィリスと結婚する予定なのだが、フィリスには二人の若い貴族、そしてなんとアイオランシの夫である大法官までもが言い寄っていて、ストレフォンとの仲を裂こうとする。大法官は実は、アイオランシが妖精であることを知らず、彼女が急に姿を消したので、死んだと思っているのであるが、息子のためにアイオランシが再び掟を破って、夫の前に姿を現すことによりすべての誤解がとけ、ストレフォンはフィリスと、アイオランシは夫とそれぞれ結ばれ、めでたしめでたしとなる。

『パンチ』1885年3月28日号に掲載された『ミカド』の劇評の挿絵。「サヴォイ劇場の二人のきわめて滑稽な日本人」という副題がついている。背の低い方がサリヴァン。ギルバートの持つ扇子には彼らの興行師ドイリー・カートの似顔絵が描かれている。

『アイオランシ』の第一幕の一場面のスケッチ。貴族を演じる役者たちが、王室御用達の仕立屋から調達した衣裳を着て登場する。

章の冒頭にあげた引用は、第一幕の貴族院の貴族たちの入場シーンで歌われるコーラスからとったものである。「サヴォイ・オペラの中でもっとも壮観」とも言われたこのシーンでは、わざわざヴィクトリア女王御用達の礼服仕立屋に注文した衣裳を身にまとった貴族たちが続々と舞台に現れる。ギルバートは舞台装置や衣裳だけでなく、リハーサルにつきあって、俳優の動きやひとつひとつのジェスチャーも細かく指導する、現代の舞台監督のはしりのような人物だったが、「ロウアー・ミドル・クラスよ」「商人よ」「大衆よ」の各フレーズで、貴族たちは尊大な態度で地を指すこと、という指示が当時の台本に残っている。

このコーラスで、「ロウアー・ミドル・クラスよ頭《こうべ》をたれよ」云々のくだりはこれでもかというほど何度も繰り返されるが、なぜ特に「ロウアー・ミドル・クラス」なのか。貴族が戒める相手ならばワーキング・クラスはもちろんのこと、なぜたんなる「ミドル・クラス」でないのか。

そもそもこの物語にはミドル・クラスは登場しない。登場するのはまず、人間の階級などというものは超越していると思われる妖精たち（と言っても妖精の女王は「女子校の校長先生」という、アッパー・ミドル・クラスの女史の典型に間違われはするが、これは間違われるだけで、実際はそうではないのだから、考慮に入れる必要はないだろう）、羊飼いの娘、アイオランシの息子の羊飼い、貴族院の議員たち、そして警官という具合に、貴族かワーキング・クラスだけなのである。

　羊飼いの娘フィリスをめぐって、同じ羊飼いのストレフォンと、二人の貴族の青年が競うのであるが、形勢は完全に貴族たちに不利である。そこで彼らはフィリスに哀願する。

貴い生まれの者の
　愛を斥《しりぞ》けないで、
良い家柄の者に
　高潔の嘲笑を浴びせないで。
高い地位は恥ずべきことではない――
われわれはいやしい生まれの者と
同等の敬意を受けるべき
　権利を主張する！
貴族の血！　貴族の血！

高潔な愛が求められるとき
おまえの価値は無し、
歴史が始まって以来の家柄なのに、
貴族の血！　ああ、貴族の血！

われわれに冷酷な拒絶の
苦い痛みを与えないで、
あなたの下層階級的軽蔑でもって
われわれの苦難をひどくしないで。
ベルグレーヴ・スクェア〔ロンドンの高級住宅地〕で鼓動する心臓は
セヴン・ダイアルズ〔ロンドンの貧民街〕のいやしい空気で鼓動する心臓と変わらない
のだから！
貴族の血！　貴族の血！
おまえはいったい今
われわれの何の役にたつのだ？
歴史が始まって以来の家柄なのに、
貴族の血！　ああ、貴族の血！

これは明らかに、「生まれのいやしい娘が実は正しく純粋な心を持っており、彼女をだまして堕落させようとする上流階級の誘惑者を退けて、自分と同じ身分の男性ときちんと結ばれる」といった内容の、ヴィクトリア朝に人気のあったメロドラマを皮肉ったものである。

この時代には身分の違う男女の恋は肉欲的な愛人関係しか考えられなかった。同性の間でも、オスカー・ワイルドの裁判の際、従僕クラスの男性と親しかったという事実は、ワイルドがその男性と肉体関係を持っていたことの証拠として受け止められた。もちろんT・W・ロバートソンの『カースト』（一八六七年）のように、上流階級の青年が下層階級の女性と正式に結婚し、しかもそれがハッピー・エンドとなるという場合もあったが、それはあくまでも舞台の上の幻想であった。より写実的な芸術形態である小説においては、このようなバラ色の眼鏡はとりはずされ、たとえば保守党の党首で、首相も務めたベンジャミン・ディズレーリ（一八〇四―八一年）の小説『シビル』（一八四五年）では労働者の娘であると思われたシビルと貴族のチャールズ・エガモントが結婚するが、シビルが実は貴族の娘であることが判明するという筋書によって、「身分違いの恋」というメロドラマ的テーマが、現実の階級社会に挑戦することなく、無難に展開し、ハッピー・エンドを迎えている。これが半世紀ほど後になると、トマス・ハーディ（一八四〇―一九二八年）の『ダーバヴィル家のテス』（一八九一年）のように、小説の中でも、これが悲劇的なテーマとして、深刻に扱われるようになる。

しかし『アイオランシ』では立場が逆転しており、貴族たちは誠意を持ってフィリスに言い寄り、正式に結婚を申し込んでいるにもかかわらず、貴族＝悪役というメロドラマの慣習のゆえに退けられる。こういう事情であるから、貴族たちがいわゆる下層階級に対して高圧的な態度をとるわけにはいかない。したがって彼らの威嚇の対象は、芝居においても小説においてもきわめて散文的な存在である「ミドル・クラス」になるわけだが、ここで再び、それがなぜわざわざ「ロウアー・ミドル・クラス」なのか？　この時代の劇場がどういう場所だったのか、観客がどのような階級の人々だったのかということに目を向ける必要がある。

ヴィクトリア時代の劇場

私営劇場の主な客は汚い少年たち、事務弁護士事務所の下級の事務員、シティの会計事務所の大きな頭をした青年たち、衣裳貸しという商売によって素人劇場では顔がとおるユダヤ人たち、ときどき主人の金を自分のと混同してしまう店員、そしてありとあらゆる種類の放浪者である。私営劇場の所有者はもとは舞台の背景画家、低級なコーヒーハウスの主人、夢の破れた八流役者、引退した密輸入者、あるいは破産者だ。

十九世紀の前半、チャールズ・ディケンズの『ボズのスケッチ』（一八三三―三六年）にはこのような劇場の描写が見られる。ヴィクトリア女王が即位したのは一八三七年であり、ヴィクトリア朝初期の劇場はこのように、「リスペクタブル」な人々の出入りする場所とはいえなかった。といっても、ここでディケンズが描写しているのはロンドンの中でも、ミドル・クラス以上の紳士淑女がめったに足を踏み入れない場所にたつ劇場なのであり、すべての劇場がここまでひどかったわけではない。コヴェント・ガーデンやドルーリー・レーンなどのパテント・シアターズと呼ばれる、英国王の勅許証によって建てられた劇場はシェイクスピアの上演などでミドル・クラスやアッパー・クラスの観客を集めていたし、また、即位したばかりのヴィクトリア女王が芝居好きだということも、劇場にリスペクタブルな観客を集めるのに貢献していた。とはいえ、ヴィクトリア女王がたとえばディオン・ブーシコー（一八二〇―九〇年）の「紳士的メロドラマ」と呼ばれた『コルシカの兄弟』（一八五二年）の上演を見に行ったということで非難を受けたことからも示されるように、劇場にアッパー・クラスやミドル・クラスの観客がいたからといって、決してそれがリスペクタブルな娯楽として文句なく認められていたわけではないのである。これには宗教上の理由があった。禁欲と勤勉を奨励する福音主義がこの時代に大きな影響力を持ち始め、観劇のような娯楽は、堕落への道と見られていたのである。しかし、「リスペクタブル」なミドル・クラスの人々の足が劇場から遠のいた理由はこれだけではなかった。

そもそも、経済力を得て、社会的地位を獲得し、ますます階級意識を強めていった上昇志向のミドル・クラスにとって、ワーキング・クラスと肩を並べて何かを楽しむということは望ましくないことだった。ボックス席は上流階級や社交界のリーダーたち、平土間は商人や学生、法律家、天井桟敷席は使用人や奉公人や職人という、十七世紀以来の観客席の構成はヴィクトリア朝においてはより一層凝り固まったものとなり、劇場側はそれぞれの席に別々の入場券売り場、入り口、飲食場などを設けるようになった。この区別は今でもいくつかのロンドンの劇場に見られる。もっとも顕著な例は改築前のコヴェント・ガーデンのロイヤル・オペラ・ハウスで、桟敷席に座るには、劇場の裏側の入り口から入り、カーペットなど敷いていない狭い階段を延々と上らなければならなかった。また、ドレス・サークルと呼ばれるもっとも高額な席のある階のバーではビールはおかれていなかった。そのような大衆的な酒を飲みたければ、もっと上の階のバーまで行かなければならないのだ。

劇場側の苦心にもかかわらず、もっとも収益のあがるボックス席を満席にすることは難しかった。しかもフランスやドイツとは違い、当時のイギリスの劇場は国から一切の援助を受けられず、経営は、劇団の座長を務め、役者も務め、劇場の経営も行なうという制作者兼役者（actor-manager）と呼ばれる人々の手にあった。彼らが劇場とともに生き残る道は、当時経済的にも社会的にもぐんぐんと勢いを伸ばしていたミドル・クラスを劇場に呼び戻すことだった。このため、彼らはさまざまな趣向をこらし、工夫を加えた。たとえばトマス・ジャーマン・リード夫妻は自分たちの劇場に theatre という名を使わず、Royal Gallery of Illustration と呼ぶことによって「劇場」という言葉のもたらすマイナス・イメージを払拭しようとした。同様に芝居（plays）は illustration（視覚的表現）と呼ばれ、その中の役柄（roles）は assumptions（役割）と言い替えられた。また、マリー・バンクロフトは一八六五年にクイーンズ・シアターという落ちぶれた劇場を買い取り、それをプリンス・オヴ・ウエールズ・シアターと改名した。彼女が最初にやったことは、それまでの騒々しい、ロウアー・クラスの観客を追い出すことだった。劇場を改装して絨毯《じゅうたん》を敷き、白いレースをあしらい、座席に飾りつきの覆いをつけることによって、ミドル・クラスの家庭の居間のような雰囲気をかもしだした。座席の値段は六〇〇パーセント値上げされた。そして他の actor-managers も次々と後を追ったのである。もちろん外側だけでなく、だしものの中身も同時に変わっていった。それまでのようなスペクタクル中心のメロドラマあるいはどたばた喜劇からしだいに、より洗練された家庭ドラマや喜劇が上演されるようになったのである。

この、劇場のミドル・クラス化を象徴したのが、一八八〇年にバンクロフト夫妻がとった大胆な処置である。彼らはその当時はヘイマーケット劇場の経営者だったが、一階の、背もたれのない、安価な平土間席（その数も以前と比べるとだいぶ少なくなっていたのだが）を完全に取り払い、より高額な椅子席に置き換えたのである。彼らがこれを行なった最初の夜には平土間の常連たちによる抗議や妨害が起こったが、これらはしょせん、劇場から追い出

1881年10月10日に『ペイシェンス』で幕開けしたサヴォイ劇場。当時ロンドンでもっとも内装の美しい劇場の一つとして知られていた。

されつつある人々の最後のあがきにすぎなかった。こうしてヴィクトリア朝の劇場――少なくともその一部――は文句なくリスペクタブルな存在となったのである。このことはたとえばある雑誌に載っていた次のようなスケッチを見ても明らかだ。

グランディ夫人 普通は私はライシアム劇場、サヴォイ劇場とジャーマン・リード夫妻のところか、ケンダル夫妻やバンクロフト夫妻が出演しているところにしか参りませんのよ。（まわりの不徳の人々に聞かせるように、かなり大きな声で）

（『トゥデイ』一八九四年一

月二十日号）

訳注　グランディ夫人とは、トマス・モートン（一七六四?―一八三八年）の戯曲 *Speed the Plough*（一七九八年）に登場する、道徳的で、世間的なしきたりについてやかましい人物の名。以後この名はそういった人物の代名詞として使われるようになり、Grundyism という単語も生んだ。

つまりこれらのウェスト・エンドの劇場はとうとう、ミドル・クラスが彼らの地位、知性、教養、そしてなんといってもロウアー・クラス（特に上昇志向の強いロウアー・ミドル・クラス）との区別をはっきりとさせる場所となったわけである。したがってリスペクタブルなサヴォイ劇場の舞台の上で貴族たちが嘲る相手は、ただのミドル・クラスではあってはならず、特にロウアー・ミドル・クラスでなければならなかった。これで「ロウアー」ではないミドル・クラスの観客は安心して舞台の貴族たちとともに笑うことができたのである。

第二章　ヴィクトリア朝――せせこましい道徳の時代

私は四人のジョージを歌う、
神にとっても四人が限界だったから。
最悪なのは一番最初、
ジョージ一世だと人は言う。
いやいや、もっとひどいのは
ジョージ二世だというご意見も。
ジョージ三世にいたっては、
良いところなんてあったのか？
ジョージ四世がこの世から下に降りたとき、
やれありがたや、ジョージの家系も終わりを告げた。
（ウォルター・サヴェッジ・ランドー）

福音主義からリスペクタビリティへ

二十一世紀初頭の英国王室は、チャールズ皇太子をはじめとしてアン王女、アンドリュー王子、そしてエリザベス女王の妹のマーガレット王女など、姦通とスキャンダル、そして離婚が続出していた。公の場でスピーチをする際は“My husband and I”とつねに夫をたて、夫婦仲むつまじく、家庭的なイメージづくりに力を入れてきたエリザベス女王の家族とは思えないほど、男女間のゴタゴタが絶えない王室だが、これは何も現在のウィンザー王室が特に乱れているわけではない。「六人の妻を持った王」として小学生にも知られているヘンリー八世（一四九一―一五四七年）を思い出すだけでも、英国の君主が必ずしも節操と貞節で名高いわけではなかったことがわかるだろう。

一七一四年に即位したジョージ一世から英国の君主はジョージ二世、三世、四世と続く。もともと英国の生まれではなかった彼らの評判が決してよくなかったのは冒頭の引用のとおりだが、特に女性関係とスキャンダルで名を馳せたのがジョージ四世である。彼は、父親のジョージ三世が精神に異常をきたしてしまったため、一八一一年からプリンス・リージェント（摂政）として長年その代理を務めた。したがってこの時代は俗に摂政時代《リージェンシー》と呼ばれる。そして「リージェンシー」という言葉から連想されるのは女遊び、賭博、飲酒などの娯楽に明け暮れる貴族の伊達男《ダンディー》、つまりプリンス・リージェントとそのとりまきたちである。

「皇太子殿下はヨーロッパ一の洗練された紳士、あるいは札つきの悪党、あるいはその両方になられることでしょう」と、未来のジョージ四世が十五歳のときに、教育係が予言したと言われている。そして確かにそのとおりになったようだ。彼がジェイン・オースティンの熱烈な愛読者で、どの宮殿にもオースティンの全作品を一セットずつ置いていたという逸話は有名である。しかし文学や美術において、洗練された趣味と優れた理解を示す一方で、怠惰で官能的な快楽を求める性格は変わることはなかった。彼は数々の愛人と情事を重ね、一七八五年にはカトリック教徒の未亡人とこっそり結婚してしまった。しかしイギリスの法律においてはこの結婚は認められず、王位継承権を維持して、皇太子としての手当てをもらい続けるために、一七九五年にジョージ四世は父親の望みどおり、いとこのキャロラインと式を挙げる。この結婚はもちろんうまくいかず、ジョージが相変わらず女遊びを続ける一方で、キャロラインについても、他の男との間にできた子供を産んだという噂が囁かれた。キャロラインはとうとうイギリスをとびだし、一人のイタリア人男性とともにイタリアに落ち着く始末で、この夫婦のスキャンダルや離婚騒動は国民をうんざりさせ、王室の評判をさらに悪化させた。特にひどかったのは、ジョージ三世が死に、プリンス・リージェントがいよいよ国王となったときの戴冠式の騒ぎである。自分が王妃になったことを知ったキャロラインは急遽帰国し、夫の戴冠式に参列しようとしたが、夫に阻止された。これはまたあらたなスキャンダルとなり、新国王のこの行動には多くの非難が寄せられた。一八二一年にナポレオンが死んだときに、「陛下の最大の敵が亡くなりました」と告げられたジョージ四世は勘違い

鏡の中に妻の顔を見つけて驚くジョージ４世。1820年２月、ロバート・クルックシャンクによる風刺画。

して、「なに、彼女が死んだって？」と聞き返したと伝えられている。

ジョージ四世の死後、弟のウィリアム四世が王位についたが、その統治はわずか七年で終わり、一八三七年にウィリアム四世の姪のヴィクトリアが十八歳で王位につく。そして王室のイメージも、華やかだが悪名高い「リージェンシー」から、地味で堅実で、国民の支持を得た「リスペクタビリティ」へと変わっていくのである。

ヴィクトリアの父親で、ジョージ四世とウィリアム四世の弟のケント公爵は一八二〇年、ヴィクトリアが生まれた翌年に病死した。英語はわずかしか話さず、英国には信頼できる友人をほとんど持たなかったドイツ人の母親によってヴィクトリアは即位するまでの一八年間を、ロンドンのケンジントン宮殿で育てられた。ケンジントン宮殿といえば、あの故ダイアナ元皇太子妃が、チャールズとの離婚後、暮らしていたところである。ケンジントンは今でこそロンドンの高級住宅地の一つとなっているが、当時そこはロンドンのはずれで草深い郊外とみなされており、社交界の中心からはほど遠かった。じっさい、ヴィクトリアの両親、ケント公爵夫妻自身が、そのドイツ風の地味なライフスタイルによって、宮廷の失笑をかっていた。まだケント公爵が元気だった頃、夫妻は赤ん坊のヴィクトリアとともにウィンザー城に泊まったことがあったが、その際に、公爵の妹のメアリー王女が、当時まだプリンス・リージェントだった兄のジョージ四世に、おかしくてたまらない、という調子で次のように書き送っている。「ケント公夫妻は全財産をかついできて、ウィンザー城で二泊しましたけれども〔中略〕二晩とも、九時に寝たのですよ」（スタンリー・ワイントラウブ『ヴィクトリア』）。これほど早い就寝時間は、リージェンシーの社交界では前代未聞のことだったのである。

ヴィクトリアはこのような母親のもとで、ケンジントンのいなかで厳格に育てられた。彼女の教育係は福音派の牧師であり、余暇の読書にも福音主義的な小冊子が与えられた。ウィリアム四世とその王妃アデレードの間には子供がいなかったので（結婚前に同棲していた女優のジョーダン夫人との間には一〇人の子供がいた）、夫妻は姪のヴィクトリアへ好意と愛情を示した。彼女の母親さえ許せば、ヴィクトリアを養女として育てたいと願ってさえいた。しかし将来の女王に対する自分の影響力を弱めるのを恐れたケント公爵夫人は、宮廷に出入りしているウィリアム四世の非嫡出子たちにヴィクトリアを会わせるのは娘の教育上よろしくないという名目で、なるべく娘を宮廷に行かせないようにした。こうして母親に守られ、公の場にほとんど出ることがなく、福音主義的教育を受けたヴィクトリアが、「リスペクタブル」な女王、さらには「ミドル・クラスの女王」として知られるようになったのも不思議ではない。

ここで、ヴィクトリア朝、特にそのミドル・クラスを語るうえでの重要なキーワードである福音主義（Evangelicalism）に簡単に触れる必要がある。リチャード・D・オルティックは『ヴィクトリア朝の人々と思想』の中で、福音主義について次のように書いている。「プロテスタント的敬虔主義である福音主義は教義や礼拝形式よりも、人間がどのように生きるべきかという問題にかかわっており、人生それ自体をどう生きるかというよりも、死後の世界への準備期間としての人生の生き方にかかわっていた」。聖書に書いてあることはほとんど文字どおりに解釈され、毎日の生活において、人間はつねにおのれの罪を償い、死後に備えることが要求された。勤勉であることが奨励され、地上においてよく働いて富を築いたものは、死後の世界における永遠の富をも築いているとみなされた。これは言うまでもなく、サミュエル・スマイルズの一八五九年のベストセラー『セルフ・ヘルプ』などに代表される、ミドル・クラスの信条であり、彼らの生活の基盤をなす考え方でもあった。勤勉、清潔、礼儀正しさ、質素、純潔——このような福音主義的かつミドル・クラス的美徳こそが「リスペクタビリティ」であり、一八三七年に即位した若い女王は、この信条の下で育てられた、まさに「リスペクタブル」な女王だったのである。

ヴィクトリア女王の「リスペクタブル」なイメージを定着させたのは彼女自身の育ちと人柄だけではなかった。一八四〇年に彼女の夫となった、いとこのアルバートとの幸福な生活は、それまでの王室とはかなり違った、家庭的なイメージを国民にうえつけたのである。夫妻はロンドンの社交界からの逃げ場を求め、田舎で家族とともにすごす時間を増やした。こうしてヴィクトリアは「上流階級の中心部から姿を消し」、「王室は公私ともにブルジョア化していった」のである（『ヴィクトリア』）。アルバートは一八六一年に病死するが、九人の子供、大勢の孫やひ孫に囲まれたヴィクトリアの姿は、理想的な家族の象徴として受け止められた。実はヴィクトリア自身は、夫を溺愛していたが、いわゆる子供好きではなかったという。たしかに彼女の子供に対する態度は冷淡といってもよいこともあった。ある日の彼女の日記には次のような記述がある。「私はスケッチをするために腰をおろしました。そのときかわいそうなヴィッキー〔ヴィクトリア女王の長女ヴィクトリア王女の愛称〕はあいにくスズメバチの巣の上に座ってしまい、かなり刺されました。〔中略〕素晴らしい一日でした！」（『ヴィクトリア女王『スコットランドの生活の記録、一八四八―一八六一年』）。しかし、このような冷静な態度は、子供の養育を乳母に任せていた上流階級やアッパー・ミドル・クラスの母親にはめずらしいものではなく、ヴィクトリアだけが特に自分の子供に対して冷淡であったという証拠にはならないかもしれない。いずれにしろ、夫をこよなく愛し、次から次へと子供を産んでいったヴィクトリア女王の王室が「家庭的」であるというイメージが、国民への「お手本」として、マスコミによって広められ、定着していったことは事実である。

特に王室の家庭的イメージを強めたものの一つは、アルバートが祖国ドイツから持ち込んだ、クリスマス・ツリーの習慣である。クリスマス・ツリー自体は十八世紀にすでに、ドイツからイギリス宮廷に入ってきていたが、それをイギリスの家庭のクリスマスの習慣として定着させたのはアルバートだった。彼は毎年クリスマスになるとウィンザー城にツリーを飾り、また、子供たち一人一人にクリスマス・ツリーをプレゼントした。一八四八年の『イラストレイテッド・ロンドン・ニューズ』の「クリスマス号」には、てっぺんに妖精の人形を飾り、どの枝にもろうそくが灯されて飾りつけられたクリスマス・ツリーを囲む、アルバートとヴィクトリア、そしてその子供たちの絵が掲載された。ディケンズの一八四三年の中篇小説『クリスマス・キャロル』とともに、この『イラストレイテッド・ロンドン・ニューズ』の挿絵は、「暖かい家庭的イベントとしてのクリスマス」の習慣をイギリスにしっかりと定着させたのである。

ヴィクトリア朝の「リスペクタビリティ」がかなり誇張されているという見方もある。二十世紀初頭の「モダニズム」において、「ヴィクトリア朝的」という形容詞はあらゆる古くさいもの、反動的なもの、陳腐なもの、せせこましい道徳性を表現するために使われ、ヴィクトリア朝における偽善、情欲や欲望の抑制、上品ぶった行動（prudery）が強調されたということはたしかにあるだろう。たとえば、ヴィクトリア朝のミドル・クラスがやたらに家具に覆いをかけるのを好んだのは、テーブルの脚やピアノの脚が人間の脚を連想させ、それらをむきだしにするのははしたないと考えたからだという説がまことしやかに伝えられてきたが、今ではそれはおそらくでっちあげだと思われている。しかし「リスペクタビリティ」があくまでもミドル・クラスの美徳と思われ、上流階級の紳士はそのようなものを超越しているある、あるいはかえって不道徳であるべきだという風潮さえ定着していた時代に、ヴィクトリアがいわば上流階級に「リスペクタビリティ」をもたらしたと言えるのはまちがいないだ

「ウィンザー城のクリスマス・ツリー」と題された、王家を描いた家庭的な絵。『イラストレイテッド・ロンドン・ニューズ』1848年クリスマス号。

ろう。少しでも品の落ちる、あるいは猥褻《わいせつ》性を帯びた言動やジョークは“We are not amused.”（「おもしろくありません」）という言葉で斥け、社交界がどうしようと、自分の宮廷では人格に汚点のある人物は歓迎しないと宣言したこの女王は、趣味の良さや洗練という要素においては少々難点があったとしても、「リスペクタビリティ」を上流階級に流行らせたのである。

しかし十九世紀も終わりに近づくにつれて、宗教観をはじめとしたさまざまな変化とともに、「リスペクタビリティ」に対する反動が起こってくる。そのもっとも顕著な例の一つが、「耽美《たんび》主義」である。

耽美主義とミドル・クラス

「リスペクタビリティ」という要素は、ヴィクトリア女王が宮廷に持ち込む前はミドル・クラスの美徳であったことはすでに述べたとおりだが、そもそもミドル・クラスという存在自体が、純粋な芸術性とは無縁だという考え方が耽美主義者たちの間で起こっていた。このような考え方は、耽美主義者以外の人々にも見られる。たとえばマシュー・アーノルドは一八六九年の『教養と無秩序』において、イギリスの社会をバーベイリアン（蛮人）、フィリスタイン（凡人）、そしてポピュレス（民衆）の三つに分けている。バーベイリアンは俗に言うアッパー・クラス、フィリスタインはミドル・クラス、そしてポピュレスはワーキング・

クラスであるわけだが、ミドル・クラスのフィリスタインについては第一章で次のように言及している。

われわれの偉大さと幸福が、われわれの富によって実証されているのだともっとも強く信じ、そして人生と思考のすべてを捧げて富を築こうとする人々、これこそがわれわれが「フィリスタイン」と呼ぶ人々である。

耽美主義はまた、十九世紀後半にいよいよ富と力を得、高等教育を受け、文壇や画壇、劇場や音楽界にもどんどん進出するようになったミドル・クラスに対して、彼らの理解を超えた、秘儀的な世界を造り上げることによって彼らを締め出そうとする試みだったという見方もできる。この運動はそもそもフランスから起こったものだが、フランスでは一八五〇年代から六〇年代にかけて、反動的な第二帝政への、自由主義的な抵抗として起こったものであるのに対して、イギリスではこれは、芸術活動でもはや完全に力を得て、主流となっていたミドル・クラスに対する、非ミドル・クラス（出身階級はミドル・クラスであっても、ワイルドのように、おのれの階級を否定していた、精神的な非ミドル・クラスを含む）の抵抗という、きわめてイギリス的な、階級意識を中心とした運動に変化していた。耽美主義者たちのモットーは、「芸術のための芸術」ということであり、芸術は道徳とか社会の改善とか、政治とか啓蒙などの手段として使われるものではなく、芸術そのものとして存在するものであるということだった。その芸術を、しょせんは有閑階級の楽しみかつたしなみであるというところに戻すことによって、自分たちだけの、排他的な芸術運動を作ろうとする試みとなったのである。

ここで特に彼らが、ミドル・クラスの理解を超えるものとして好んだものの一つが東洋、特に日本の芸術品だった。一八六二年のロンドンの万博に日本が出展したことによって、日本の芸術品が、イギリスにそれまでよりは広く紹介されるようになり、美術の世界では、それよりも少し前に、すでにパリにおいて、日本の浮世絵などが知られていた。たとえばジェイムズ・ホイッスラーという、イギリスに移住してきたアメリカ人の画家は、パリにおいて日本美術の影響を受け、作品にもそれを取り入れている。

もちろん、ギルバートとサリヴァンの一八八五年のオペラ『ミカド』のように、日本を舞台にした芝居が大きな人気を集め、それ以降、日本もののミュージカルや芝居などが書かれ、日本の扇子や刀や工芸品が、ミドル・クラスの家庭でも人気があったのは確かだが、それらはあくまでも、遠くのエキゾティックで野蛮な国のめずらしいものとして受け止められていたわけで、これをいわゆる「本物の芸術」として取り入れようとする動きは、大部分の人々にとっては、不可解なものだった。遠近法をきちんと守った、きわめて写実的な絵を完璧な美術として受け止めていた当時の人々にとっては、日本の絵は、すべての古典的な美術の方式をやぶった、人間も大きくデフォルメされ、光や影の法則も守られない、混沌としたものに映ったのである。じっさい、ジョン・ラスキンが、ホイッスラーの絵を酷評し、「公衆の顔に向かって、絵の具をひとびん投げ付けたようなものだ」と書いたことにホイッスラーは憤慨して、ラスキンを名誉毀損で訴えるという事件が一八七七年に起こった。結果はホイッスラーの申し立てが認められ、ラスキンはホイッスラーに損害賠償を支払うことが命じられたが、ただしその額は四分の一ペニー（当時のイギリスでもっとも小額な貨幣の単位）という、明らかに形式的なものであり、結果的にはホイッスラーは訴訟にかかった費用で破産する。

このように、いわゆるミドル・クラスの批評家や公衆にはわからない美術や文学作品を作るだけでなく、耽美主義者たちは、まわりとは違った服装をして、奇抜な言動をとることによって、自分たちだけのサークルを作っていったわけだが、その中でもいちばん名が知られていて、しかもその作品が今でも読まれ、かつ上演されているのが、オスカー・ワイルド（一八五四―一九〇〇年）だろう。一八七八年にオックスフォード大学からロンドンにやってきたワイルドは、百合やひまわりといった大きな、人目をひく花を上着の襟にさして歩きまわり、伝記作家のヘスケス・ピアソンによると、「それらしい服装をしていたというだけですぐに耽美主義の中心的人物とみなされるようになった」のである（『オスカー・ワイルドの生涯』）。

オスカー・ワイルド、30歳の夏。

これに対して、ミドル・クラスのフィリスタインは彼らをパロディの対象にし、笑うことによって反撃した——あるいは少なくともそのような印象を与えた。たとえば滑稽誌『パンチ』ではジョージ・デュ・モーリエ（一八三四—九六年）によるオスカー・ワイルドや耽美主義者のカリカチュアが、一八七四年から一八八一年まで連載された。また、一八八一年にはギルバートとサリヴァンのコンビによる『ペイシェンス』というコミック・オペラが上演されたが、これもオスカー・ワイルドやスウィンバーンなどの耽美主義者たちのカリカチュアを登場させた作品だった。

耽美主義の「偽物」

第一章でも触れたように、ギルバートとサリヴァンの作品はそのほとんどがきわめて人気があり、『ペイシェンス』などはかえって、その笑いの対象である耽美主義者たちの宣伝になったほどである。また、この作品がアメリカで上演されることになったとき、ギルバートとサリヴァンのマネージャーを務めており、サヴォイ劇場の支配人でもあった興行師ドイリー・カートはオスカー・ワイルドを前もってアメリカに送り込んで各地で講演させた。そうすることによってその後、『ペイシェンス』が上演されたときに、ワイルドのカリカチュアがアメリカの観客にもすぐわかるように、準備を整えたのである。

前に述べたように、当時は劇場にアッパー・ミドルおよび、あらたにジェントルマン階級の仲間入りをした、いわゆるミドル・ミドルを含む、確立《エスタブリッシュド》したミドル・クラスを呼び戻す動きが積極的に行なわれていたときであり、ギルバートもサリヴァンもその観客の大部分もこのカテゴリーに属していた。それではこの作品は単純に、ミドル・クラスの「フィリスタイン」が、自分たちが理解しえない芸術様式および芸術家を笑うことによって攻撃したものなのであろうか。

ドイリー・カートは『ペイシェンス』の初演後にわざわざちらしを発行し、「作者たちのねらいは真の耽美主義的精神を嘲笑することではなく、その猿真似をする、軟弱な変人たちを攻撃することにある」とことわっている。つまり彼らが笑いの対象にしているのはこの芸術運動や芸術家そのものではなく、よくわかりもしないのにその真似をする人々――服装や態度、言葉遣いといった、表面的なことがらを真似る人々だというのである。したがって登場人物も、ワイルドその人のカリカチュアではなく、ワイルドの真似をしている人物をその

『ペイシェンス』の「偽耽美主義詩人」バンソーンを描いたカード。

まま描いたものだということになる。

『ペイシェンス』には耽美主義詩人が二人登場する。そのうちの一人、レジナルド・バンソーンは第一幕ですでに、舞台に他に誰もいなくなったときをみはからって、自分が実は「耽美主義の偽物」であることを独白で明かし、「私は日本的なものすべてを熱愛――などしないのだ」と告白する。このように自分は偽物であるにもかかわらず、同じく耽美主義詩人を名乗るアーチバルド・グロウヴナーという人物があらたに登場するとバンソーンはグロウヴナーをライバルとみなし、耽美主義詩人を廃業して「普通の若者」になれと脅す。バンソーンに脅されたグロウヴナーはおとなしく「普通の若者」に様変わりするが、この「普通の若者」がまぎれもない、ロウアー・ミドル・クラスの青年であることが、グロウヴナーの台詞と歌から明らかになる。

普通の若者だ、
常識的な若者だ、
堅実で鈍感で、愉快でバンク・ホリデーの

日常的な若者だ！
〔中略〕
チャンセリー・レーンの若者だ、
サマーセット・ハウスの若者だ、
きわめて愉快な、きわめてリスペクタブルな
三ペニーのバスの若者だ！
〔中略〕
スェウェル・アンド・クロスの若者だ、
ハウエル・アンド・ジェイムズの若者だ、
厚かましい奴、「次の品物は？」と尋ねる奴
ウォータールー・ハウスの若者だ！

一八七一年および一八七五年にバンク・ホリデー、つまり「国民の休日」が定められ、事務員などのサラリーマンの休日が増やされた。「チャンセリー・レーン」はロンドンの法廷のある場所で、サマーセット・ハウスは官庁のあるところだが、いずれもそこに勤務する事務員《クラーク》を指している。また、この時代に交通網が広がり、ロンドン市内およびその近郊の電車賃が安くなったことも（三ペニー硬貨一枚で乗れるようになった）、ロウアー・ミドル・

クラスの人々の行動半径を広げた。「スェウエル・アンド・クロス」、「ハウエル・アンド・ジェイムズ」と「ウォータールー・ハウス」はいずれも服地屋の名前である。従来の仕立屋よりも大規模で、既製服や装飾品も売っていた服地屋（drapery store）、そしてその頃登場し始めた、ミドル・クラスをターゲットとしたセルフリッジなどの百貨店は、ロウアー・ミドル・クラスの若者の典型的な職場だった。たとえば自分自身がロウアー・ミドル・クラス出身で、ロウアー・ミドル・クラスの若者を主人公にした半自叙伝的な小説をいくつか書いているH・G・ウェルズも、服地屋に勤めた経験があった。

このように、『ペイシェンス』では、「芸術のための芸術」を追求する耽美主義詩人のいわばアンチテーゼは、ミドル・クラスのフィリスタインの中でも明らかにロウアー・ミドル・クラスの人物となっている。これは、確立《エスタブリッシュド》したミドル・クラスの微妙な心理を反映している。つまり彼らは、耽美主義者たちの作品や彼らの言動、モラルに理解を示さず、眉をひそめていても、「芸術を理解しない俗人」というレッテルを貼られることには抵抗がある。したがって彼らの矛先は、よく理解できない芸術家たちそのものではなく、彼らにあこがれ、模倣するだけの人々に向けられるのである。じっさい『パンチ』のカリカチュアは実は耽美主義をからかうのだけではなく、耽美主義かぶれという風潮、そしてかぶれた人々に向けられていることが多かった。たとえば「現代の洗練された会話」（Refinements of Modern Speech）と題されたデュ・モーリエによるスケッチでは、アッパー・ミドル・クラスの家

"Refinements of Modern Speech"『パンチ』1881年3月26日。

の応接間とおぼしき場所に座っている若い男女が描かれている。そのうちの女性の方は、だらしなく椅子にのけぞるという、「耽美主義的」なポーズをとり、「ロイヤル・アカデミーの絵をごらんになって?」と連れに尋ねる(耽美主義の画家たちの作品の一部は、ロイヤル・アカデミーに展示されていた)。連れはパブリック・スクールを卒業したばかりで、「耽美主義的会話よりはクリケットとラグビーの方が得意」であり、「いいえ、というのは——つまり、見ました」としどろもどろなのだが、女性は「あまりにも、あまりにもな絵よね!(ARE THEY NOT REALLY QUITE *TOO TOO*!!)」とうっとりとしてみせる。"too" "utter" などの、女性的な誇張表現は耽美主義者たちが好んで使うものとされていたのである。このような風刺では、矛

“The Cheap Aesthetic Swell”『パンチ』1881年7月30日。

先は、流行にかぶれて「非フィリスタイン」をめざすミドル・クラスに向けられているわけだが、流行が広まるにつれて、耽美主義を模倣するアッパー・ミドル・クラスをさらに模倣する人々に矛先が向けられる。たとえば一八八一年七月三十日の『パンチ』では、「安価な耽美主義的伊達男」(The Cheap Aesthetic Swell)と題されたスケッチが載っている。東洋的日傘を差し、手に扇子を持ってポーズをとっているのは、当時の『パンチ』の読者にはおなじみの、ロウアー・ミドル・クラスの「ジェント」であるハリーである。

日傘は二ペンス
扇子は一ペンス
外国製の藁帽子には三ペンス払ったさ。

おいらはニッポンタンビシュギ人だ！

つまり、確立《エスタブリッシュド》したミドル・クラスの標的は耽美主義そのものではない。彼らは芸術を攻撃する俗人と思われたくはないし、彼らの大部分はそれが芸術であるかどうかという評価をくだす勇気は持ち合わせていない。したがって、彼らが攻撃するのはなにもわからずに、真似をすることによって、「ミドル・クラスの周縁」というおのれの位置から脱しようとしている、ロウアー・ミドル・クラスなのである。だからこそ『ペイシェンス』では、えせ耽美主義者の正体はロウアー・ミドル・クラスの若者なのであり、そのポーズを捨てると実は、「きわめてリスペクタブル」な人物となってしまうのだ。そしてこの「リスペクタブル」という言葉の使われ方を見ても、サヴォイ・オペラの愛好者の確立《エスタブリッシュド》したミドル・クラスとアッパー・クラス（ヴィクトリア女王もサヴォイ・オペラのファンだった）の間で、一八八一年にはすでに「リスペクタブル」という表現がじつにアンビヴァレントなものになっていたことがうかがえるのである。

そもそも「リスペクタビリティ」とはミドル・クラスの要素であったのが、ヴィクトリア女王の即位後、上流階級にもあてはめられるコンセプトとなった。ところが、ミドル・クラスが富と力を得るにつれて、ミドル・クラスとその「リスペクタビリティ」に対する拒否反応と反動が起こった。そして、急激に増加するロウアー・ミドル・クラスが、自分たちをワーキング・クラスと区別し、自分たちのミドル・クラス性を実証するためにも「リスペクタビリティ」を得ようと努力するにつれて、上流階級、そして確立《エスタブリッシュド》したミドル・クラスまでもが、それを見下し、「ロウアー・ミドル・クラスの属性」として嘲笑するようになったのである。

第三章　「リスペクタビリティ」という烙印《スティグマ》

リスペクタビリティの守護者たち――ロウアー・ミドル・クラス
（ホルブルック・ジャクソン『一八九〇年代』）

文学史家ホルブルック・ジャクソン（一八七四―一九四八年）は一九一三年に『一八九〇年代』と題した、英国の世紀末評論を出版した。冒頭の引用は、当時ロンドンのミュージック・ホールが「どちらかというと害のない、有益な場所」としてロウアー・ミドル・クラスから注目を浴びはじめたと記述した箇所でジャクソンがロウアー・ミドル・クラスについて使った形容辞《エピセット》である。ジャクソンのこの尊大な口調からも読み取れるように、もう二十世紀初頭には「リスペクタビリティ」はロウアー・ミドル・クラスと結びつけられるコンセプトとなっており、ステイタスは完全に落ちていた。前の章で述べたように、世紀末の上流階級や芸術界においてリスペクタビリティに対する反動が起こっていたときに、急速に増加しつつあったロウアー・ミドル・クラスが自分たちのミドル・クラス性を強調するためにリスペクタビリティをめざしたことが、リスペクタビリティの失墜の一因だった。ただし、ロウアー・ミドル・クラスは必ずしも自分たちの地位の確認という理由のみでリスペクタビリティを追求していたわけではない。彼らはその業種柄、アッパー・ミドル・クラスと直に接することが多く、そのために彼ら自身がリスペクタブルであることを強要されていたのである。会社や事務所の事務員やセールスマン、アッパー・ミドル・クラスが買い物をする高級商店やデパートの店員、アッパー・ミドル・クラスの子弟を教育する教師などの仕事につくためには、リスペクタビリティは必要不可欠な要素だったのだ。リスペクタビリティを要求されたこれらのロウアー・ミドル・クラスは、服装や言葉遣い、行動や生活習慣などあらゆる面で、職場の上司あるいは客として接しているアッパー・ミドル・クラスを模倣した。しかし、彼らの限られた収入でアッパー・ミドル・クラスを模倣するのは楽なことではなかった。

事務員《クラーク》の悲哀

一八七六年に出版された小冊子、チャールズ・エドワード・パーソンズによる『事務員の地位とその向上』は、彼らの哀れな状況を訴えている。

熟練労働者および不熟練労働者は、彼らの基準賃金が調整され、金銭的、社会的、教育的、娯楽および衛生面でのさまざまな恩恵を被ってきたが、事務員については（彼らはミドル・クラスと同様の地位を保たねばならず、仕事を失わないためには、リスペクタブルな服装をすることを強いられているのだが）、その境遇の見直しは、つねに「より適当な時期」まで延期されてきた。

パーソンズは、事務員の立場がきわめて苦しいことの原因として、その労働市場において、供給が需要をはるかに超えていることをあげている。ワーキング・クラスの子供たちに教育の機会が与えられるようになると、その親たちは、子供たちは自分たちと違って、ホワイト・カラーの仕事につき、出世する可能性が与えられたと信じるようになる。

もっとも謙虚な労働者でさえ、息子が自分よりも高い社会的地位を占めることを望み、事務員になることが、富と社会的地位の向上への近道だと信じることが少なくない。そしてこの労働者には、息子にとってもっとふさわしい仕事よりも、事務員という仕事の「利点」なるもののほうが、はるかに優れているように思えるのである。

こうして事務員志望者は急増し、その労働市場は買い手市場となる。事務員たちは安い賃金と、過酷な労働状況に耐えなければならなかった。また、彼らは自分たちを労働者階級と区別するため、組合活動を活発に行なうことを嫌った。このようにきわめて弱い立場にいた彼らに対して、雇い主はいくつかのきびしい要求をしていた。パーソンズの小冊子には、イングランド南部の鉄道会社の事務員の雇用条件が例として引用してある。「会社の規則をすべて厳密に守り、勤務時間外でも会社の規則書を持ち歩くこと」「勤務時間中はもちろん、それ以外のときでも、要求されれば会社のために全力をつくすこと。勤務地のごく近くに住むこと」といった項目に混じって、「病気や障害、そして過度の飲酒の習慣がないことの証明書を医者からもらうこと」「勤務時間中であるかいなかにかかわらず、つねに服装および身だしなみを整え、清潔であること」「勤務時間外であっても謹厳にふるまうこと。これに反した場合は即座に解雇される。また、入社以前の生活も非難の余地のないものでなければならない」などの、社員の生活習慣や道徳を問題にした項目が見られる。つまり、彼ら事務員にとって、リスペクタブルであることは死活問題だったのだ。

当時『紳士のためのエチケット集』や『男性のマナー』といった題名の小冊子が発行されていたが、これらを事務員たちが、生活のために一所懸命読んでいたことが想像される。たとえば一八九七年に発行された『男性のマナー』の「ディナー」という箇所では、「ディナー・パーティの招待の断わり方」「口髭をぬらさずにスープを食べる方法」といった上級篇（？）に混じって、「食事中の会話」「口をあけたまま咀嚼してはいけない」といった、かなり基本的な項目が多く含まれている。こうして独学と模倣でリスペクタビリティを達成しようと努力した事務員たちが、逆に不興を買うようになったのは哀れなことであった。すでに上流階級にとってはリスペクタビリティが望ましい要素ではなくなっていたときに、それをロウアー・ミドル・クラスの烙印《スティグマ》として嘲笑の材料とすることによって、アッパー・ミドル・クラスは彼らにその地位をわきまえさせ、自分たちと区別しようとしたのである。

新しい読者層の擡頭

しかし、ロウアー・ミドル・クラスがアッパー・ミドル・クラスにとってめざわりな存在で脅威とさえなった理由は、その数の急激な増加だけではなかった。彼らをターゲットとした、あらたなミドルブラウ（middlebrow）文化の擡頭も、アッパー・ミドル・クラスにとって歓迎すべきものではなかった。この文化をもたらした要因の一つは教育である。一八七〇年から一連の教育に関する法令が議会を通過し、一八八一年には小学校教育法令によって、すべての子供に無料で小学校教育が与えられることになった。理論的には、階級を問わず、すべての国民が読み書きができるようになるということである。その結果、読者の数と質に大きな変化がでてきた。ロウアー・ミドル・クラスをターゲットにした雑誌や新聞が誕生した。なかでも特記すべきなのは、一八九六年にアルフレッド・ハームズワース（のちのノースクリフ卿）が創刊した『デイリー・メール』である。

ハームズワースの父親は法廷弁護士だったが、酒で身をもちくずし、一家の社会的地位は下がっていた。ハームズワース自身は雑誌の記者だったが、その伝記を書いたポール・フェリスが「彼はジャーナリストだったので彼にたいした将来があるとは誰も思っていなかった」（ポール・フェリス『ノースクリフ一族――帝国の伝記』）と記しているように、当時はジャーナリズムはロウアー・ミドル・クラスの職業であった。彼は最初はジョージ・ニューンズが一八八一年に創刊した『ティットビッツ』（一九八四年廃刊）という雑誌に記事を書いていた。これはその頃次々と創刊され、成功を収めていた、「大衆に知識を与える」ことを目的とする雑誌の一つであり、この種の雑誌の人気に目をつけたハームズワースは、一八八八年に『投書の返事』（*Answers to Corresponderts*）という題の雑誌を自ら創刊した。これは『ティットビッツ』などと同じく、「女王陛下は何を召し上がるか」「女性は男性よりも長生きするのか」「蛇は豚を殺せるか」といった雑学を読者に提供したものだったが、ユニークな点は、その題名からもわかるように、これが読者からの質問の手紙に対する返答というかたちをとっていたことだった（最初の号ではハームズワース自身が「読者の質問」を書いた）。急速に増大したロウアー・ミドル・クラスの読者たちに一方的に情報を与えるのではなく、彼らのニーズに直接答えるという、あらたな形式をとることによってハームズワースは、当時次々と創刊され、また、次々と競争に敗れて廃刊となっていく大衆雑誌の中で生き残ろうとしたのである。

その後ハームズワースは弟のハロルドとともに、また別のタイプの大衆雑誌、いわゆる

「滑稽雑誌」に目を向け、一八九〇年には『コミック・カッツ』を創刊する。この種の滑稽誌は、アッパー・クラスやアッパー・ミドル・クラスの読者を対象とした『パンチ』などとは違って、そのユーモアもかなり単純なもので、洒落や地口をふんだんに使ったジョークが主だった。その翌年にはハームズワース兄弟は女性向けの『忘れな草』という雑誌を創刊するが、フェリスによると、これは後に、読者を女性の店員に限定したことによって、成功を収めた。こうしてハームズワースはさまざまなかたちで、増大するロウアー・ミドル・クラスの読者に的をしぼり、彼らに読み物を提供してきたのだが、その中でもっとも成功し、ジャーナリズム全体に大きな影響を与えたのが『デイリー・メール』である。ハームズワースの狙いは、新しい読者層が楽しんで読める新聞を作ることだった。「五月四日発売の『デイリー・メール』には四本の社説、国会報告が一ページ、そして国会でのスピーチの記録が掲載されることはない」というのが宣伝文句の一部だった。たしかに当時の『タイムズ』などを見てみると、一、二面はすべて広告と、アッパー・クラスとアッパー・ミドル・クラスの人々の誕生、結婚と死亡記事、三、四面は金融関係、五、六面は海外情勢、七、九面は議会でのスピーチの記録、その他、演劇評、宮廷の行事、社説といった具合で、事務員たちにとって魅力的とは言えない内容である。ハームズワースの『デイリー・メール』はわずか半ペンスという値段で（当時『タイムズ』は三ペンスだった）、はるかに読みでのあるものを提供したのである。

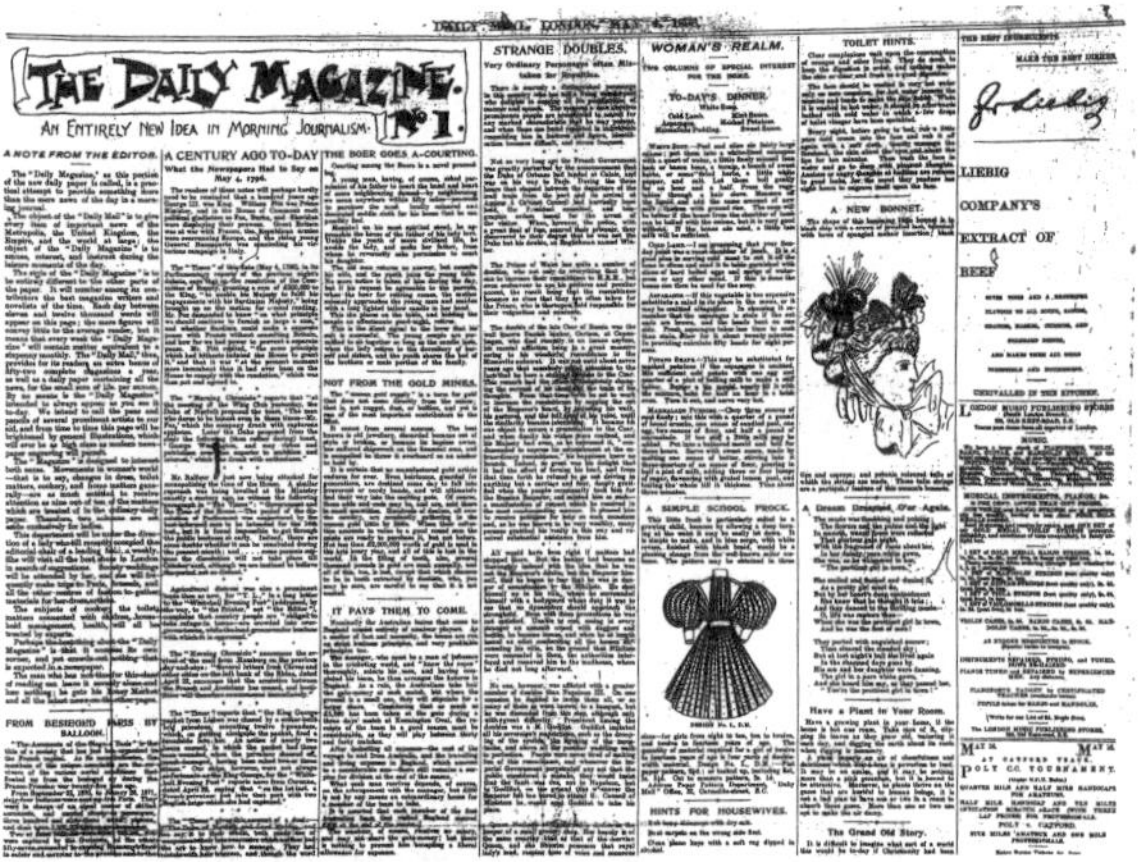
THE DAILY MAGAZINE. No 1.
AN ENTIRELY NEW IDEA IN MORNING JOURNALISM.
A NOTE FROM THE EDITOR.
A CENTURY AGO TO-DAY
THE BOER GOES A-COURTING.
NOT FROM THE GOLD MINES.
IT PAYS THEM TO COME.
FROM BESIEGED PARIS BY BALLOON.
STRANGE DOUBLES.
WOMAN'S REALM.
TO-DAY'S DINNER.
A SIMPLE SCHOOL FROCK.
HINTS FOR HOUSEWIVES.
TOILET HINTS.
A NEW BONNET.
Have a Plant in Your Room.
The Grand Old Story.
LIEBIG COMPANY'S EXTRACT OF BEEF

『デイリー・メール』1896年5月4日創刊号の、「デイリー・マガジン」と題された「暇な時間のための」ページ。右半分はディナーの献立、ファッションや化粧といった女性向けの情報が占めており、下半分には連載小説が掲載されている。

読み物としてのこの新しい新聞の特徴の一つは、ニュースに「人間ドラマ」の要素が添えられたことであった。後に「ヒューマン・インタレスト・ストーリー」と呼ばれることになる、このニュースの報道のしかたは、今でも『デイリー・メール』の特徴の一つである。その頃の週刊誌における犯罪報道にみられるセンセーショナリズムを、ハームズワースは俗悪で品がないとして嫌っていた。彼の目標は、いたずらに恐怖心やショックを与えることなく、ニュースを一つのドラマとして読ませることであった。

ニュースのページ以外では、ハ

ームズワースの得意とする雑学のページ、連載小説、そして女性のページが設けられた。特にこの女性のページは、当時では画期的な試みであり、ハームズワースが、自分自身の階級でもあったロウアー・ミドル・クラスの人々の家庭中心主義的な生活をよくわかっており、事務員たちだけでなく、その妻たちもが、重要な読者層であることを見抜いていたことを示している。ハームズワースは一九〇三年にさらに、女性による、女性のための新聞、『デイリー・ミラー』を創刊した。女性と言っても、対象となったのは、参政権を要求し、家庭を出て社会に出ることを願ったいわゆる「新しい女性」ではなく、外で働く夫のために家庭を守るミドル・クラスの良妻賢母であり、「淑女のための最初の新聞」と宣伝された。値段も一ペニーと、『デイリー・メール』の二倍しており、ハームズワースが狙ったのがアッパー・ミドルやミドル・ミドルなどのいわゆる確立《エスタブリッシュド》したミドル・クラスおよび、彼らを、少々無理してでも真似ようとするロウアー・ミドル・クラスの婦人であることがうかがわれるが、この試みは失敗に終わった。女性ジャーナリストがめずらしかった頃、編集長以下の女性スタッフの力量不足も大きな原因だったようだが、やはりコンセプトに無理があったことは否定できない。彼が主な対象とした「淑女」たちにとっては、この刊行物は新聞としては瑣末な内容ばかりで物足りなかったし、かといって、女性雑誌ほど満足が得られるものではなく、なじみにくいものだったのだろう。結局一年もしないうちに『デイリー・ミラー』には新しく男性編集長が採用され、内容もそれまでとはまったく違うものとなった。ページは小さくなり、写真の量が増え、値段は『デイリー・メール』と同じ半ペンスに下げられた。それまでの損失を埋め、部数を増やすために、ハームズワースにとっては不本意な「大衆路線」をたどり、ゴシップやスキャンダルの記事を載せたこの新聞は、現在のタブロイド紙のはしりである。

事務員《クラーク》のレジャー

一方、『ティットビッツ』のニューンズも次々と新しい雑誌をだしていたが、なかでも一八九一年に創刊された『ストランド・マガジン』は、コナン・ドイルのシャーロック・ホームズのシリーズが連載された雑誌として有名である。ニューンズは一八九一年一月の創刊号の「序文」の中で、すでに数多く月刊誌が存在するのに、さらに新しい雑誌を創刊する理由として、「廉価で健全な雑誌を提供するという過去のいくつかの試みがきわめて好評であったため」と書いている。『ストランド・マガジン』にはドーデやプーシキンなどの外国の短篇小説の翻訳、インドやアフリカ、日本などを舞台にした、異国情緒あふれる物語、冒険ものやロマンスなどの他に、「俳優の楽屋」「子供のための病院」「テムズ川水上警察」といった「雑学もの」、有名な文学者や俳優、政治家のプロフィールなどが掲載された。まさに新しい読者層を意識した、ミドルブラウの健全な娯楽誌であった。『シャーロック・ホームズの冒険』の第一話「ボヘミアの醜聞」は、一八九一年の七月号に登場した。ドイルがホームズのシリーズの中で当時の新しい発明や機械を次々と登場させ、事件とその解決の重要な部分としていることはよく知られているが、これら新しい発明や機械は、特にその頃のロウアー・ミドル・クラスに好まれたものが多かった。たとえば「ボヘミアの醜聞」では、一枚の写真が、ボヘミアの国王の名誉を危うくし、スキャンダルを巻き起こすかもしれない重要な小道具となっている。

一八八八年にアメリカのジョージ・イーストマンが、アマチュアでも使うことのできる、最初のコダック・カメラを作った。「ボタンを押してください。後はわれわれがやります」という宣伝文句のとおり、持ち主はカメラのボタンを押して写真をとり、中に入っている、写真一〇〇枚分のフィルムを使いきったらカメラごと工場に送り、そこで写真を現像し、焼き付けてもらうことができた。こうして写真は大衆の娯楽としてすぐに定着した。したがって、『シャーロック・ホームズの冒険』第二話の「赤毛同盟」で、質屋の店員のヴィンセント・スポルディングの趣味が写真であるのも、めずらしいことではない。

「あんなに写真に夢中な奴ははじめてです。教養でもつけているべきときに、写真をとりまくって、そして兎が穴に逃げ込むように地下室にもぐって、写真を現像しているんです」

スポルディングの雇い主である質屋のウィルソンはこう言ってあきれはするが、これは、「勉強もしないで、新しい趣味に興じるいまどきの若者」を嘆く年長者の口調であり、ウィルソンはスポルディングの趣味そのものを不審に思っているわけではない。だからこそ、実はスポルディングが地下室で犯罪の準備をしているのにも、気づかないのである。

しかしホームズものに頻繁に登場する小道具といったら、やはり新聞だろう。ホームズは犯罪解決に新聞の記事やたずね人の広告を利用することが多い。しかし、ハームズワースの『デイリー・メール』をはじめとする大衆向けの新聞は、当然予想されるように、当時の知識人たちの非難の的となった。ジョン・ケアリーは『知識人と大衆』の中で、新聞が「インテリ」を「一般大衆」から分ける断層線のようなものとなり、インテリは新聞を好まず、読む者を「教養のない大衆」として馬鹿にしていたことに触れている。つまり、ホワイト・カラーの職業について、毎日新聞を読む習慣を身につけ、確立したミドル・クラスのビジネスマンに少しでも近づいたように思えた事務員たちは、こうしてまた、彼らが模倣しようとした人々から突き放されるのである。したがって、新聞をすみからすみまで読むホームズは、「特にミドル・ミドルおよびロウアー・ミドル・クラスの読者にとって、大量消費むけの、安心できるインテリだった」(『知識人と大衆』)わけであり、親近感を抱けるヒーローだったということになる。

勤務時間が規定され、会社や事務所に行かない時間を自分の自由に使えるという、ホワイト・カラーのロウアー・ミドル・クラスの人々の余暇の楽しみは、新聞や雑誌を読んだり、カメラをいじったりすることだけではなかった。家と事務所の往復だけでは運動不足で、身体も貧弱になりがちだった事務員にとって、安くて手っ取り早い運動方法は、一八九〇年代に爆発的な人気を博したサイクリングだった。サイクリングそのものは、特にロウアー・ミドル・クラスの娯楽というわけではなく、その新しさと手軽さゆえに、アッパー・クラスからワーキング・クラスまで広まっていたが、ワーキング・クラスに比べると、余暇が多く、かといってアッパー・クラスやアッパー・ミドル・クラスのような馬や馬車といった交通手段を持たないロウアー・ミドル・クラスにとって、自転車は運動だけでなく、交通手段と自由、そして冒険をもたらしてくれる、日常生活からの逃避のための道具でもあったのだ。

日常生活からの逃避の方法は他にもあった。鉄道が発達し、運賃が低くなったことによって、それまではアッパー・クラスやアッパー・ミドル・クラスのみに可能だった遠出、そして海水浴場や温泉地への小旅行などが、ロウアー・ミドル・クラスのホワイト・カラーにも可能になったのである。しかも、第二章でも触れたように、一八七一年の銀行休日《バンク・ホリデー》法令によって、彼らがレジャーに費やすことのできる時間も増えていった。

この法令は二つの意味で画期的なものだった。従来の休日を、もはや宗教的祝祭の一部としてみなすのではなく、レジャーのための、非宗教的な性質の休日とみなしたこと、そして八月に一日、まったくキリスト教とは関係のない休日を新しく設定したことである。

（J・A・R・ピムロット『イギリス人の休日』）

このように、時間と交通手段、そしてさらに「レジャー」というコンセプトを手に入れたホワイト・カラーのロウアー・ミドル・クラスは、休日になると町の外に繰り出し、かつては彼の階級の手の届かないところにあった行楽地を、たとえ日帰りでもよいから、楽しもうとする。H・G・ウェルズの半自伝的小説『ポリー氏の物語』（一九一〇年）には、町のデパートに勤める主人公が二人の同僚とともに休日を田園で過ごすことで得る幸福と解放感が情緒的に描写されている。

三人がこのような土地を歩きまわり、少しの間、自分たちはじっさいはそこには居場所がないのだということ、一生の大部分をポート・バードックのような町のデパートのカウンターのうしろで過ごす運命にあることを忘れることができたのは、よいことであった。彼らは客や売り場監督や仕入れ係やすべてのことを忘れ、心地よい風と鳥の歌声と涼しい木蔭の世界を幸福にさまよう人となるのであった。

しかし、こうしたロウアー・ミドル・クラスの行楽志向はさっそく槍玉に上げられる。たとえば一八八五年四月四日の『パンチ』には「バンク・ホリデーを楽しむ銀行事務員の肖像——サー・ジョン・ラボックに捧げる」という題の下に、次のような詩が掲載された。

The Country crammed—the Seaside jammed—
The Trains a crush—the River a rush—
Oh, is it not a jolly day?
The Shops all shut—the Streets all smut—
No room in the Park for the poor Bank Clerk!
Not a Bank, but a Blank Holiday!

田舎は満杯、海辺はいっぱい
汽車はぎゅうづめ、川はごちゃごちゃ
なんと楽しい日なんだろう！
店はお休み、道はごみため、
哀れな銀行事務員《バンク・クラーク》、公園にも場所がない！
バンクじゃなくて、ブランク〔空白の〕・ホリデー！

『パンチ』1885年４月４日号。バンク・ホリデーなのにどこも混んでいて外出できず、自宅の居間で所在なげに立っている事務員。

ふだんは家と銀行を往復するばかりで、社交界に出て行くわけでもなく、夕食に呼んだり呼ばれたりパーティに出席したりといった催しともあまり縁のない彼は、居場所はまさに銀行にしかない。それがバンク・ホリデーとなると、どこもかしこも人でいっぱいで、出遅れた銀行事務員はまったく行き場所をなくしてしまうという、残酷な洒落になっている。

題名にでてくるサー・ジョン・ラボックは、一八七一年の法令を国会に通した張本人であった。アッパー・クラスおよびアッパー・ミドル・クラスの読者が主流の『デイリー・テレグラフ』紙は、八月のバンク・ホリデーの呼び名として、「聖ラボックの日」はどうかという、揶揄的な提案をしている。

セルフリッジの開店

余暇と定収入を手に入れたロウアー・ミドル・クラスはまた、消費者としても注目され、新しいビジネスのターゲットにもなっていた。彼らの経済力は「労働者貴族」と呼ばれたワーキング・クラスの上層部に比べるとむしろ低いくらいで、決して特に豊かなわけではなかったが、彼らには体面を保ち、「リスペクタビリティ」を維持するという、重要な使命があった。彼らのこの「リスペクタビリティ」へのこだわりを狙い、利用したビジネスが次々とあらわれ始める。

コンシューマリズムはロウアー・ミドル・クラスに対して、自分たちがミドル・クラスの世界に属しているという虚構を提供した。そしてコンシューマリズムは皮肉にも、そして残酷にもロウアー・ミドル・クラスの従属を裏付け、ミドル・クラスに対しては、自分たちが文化的にすぐれているという優越感を潜在的に与えていたのであった。

（クリストファー・P・ホスグッド「プーター夫人の買い物――ロウアー・ミドル・クラスの消費とバーゲンセール」）

今日、老舗のデパートとして、ロンドンの目抜き通り、オックスフォード・ストリートで堂々とした風格を保つセルフリッジも、確立《エスタブリッシュド》したミドル・クラスだけではなく、ロウアー・ミドル・クラスの客を対象にし成功を収めたビジネスの一つである。

H・ゴードン・セルフリッジが母国アメリカから渡ってきて、ロンドンに店を構えようとしていたとき、ロンドンにはハロッズ、D・H・エヴァンズ（今はハウス・オブ・フレーザー）、スウォン・アンド・エドガー（一九八二年に閉店）、ディキンズ・アンド・ジョーンズ（今はハウス・オブ・フレーザー）といった、デパートがすでに店舗を拡大し、繁盛していた、その中に、外国人でよそ者であるセルフリッジがわりこむにはたいへんな覚悟が必要だったが、彼は『デイリー・メール』によって、イギリスの新聞のそれまでの常識をくつがえしたハームズワースのことを思い、自分を奮い立たせたと語っている（レジナルド・パウンド『セルフリッジ』）。

当時の大手デパートはいずれも小さな店が成長していったもので、地域との結びつき、顧客の確保といったものを通して大きくなったのだが、セルフリッジはそういう準備段階は経ずに、いきなり大きなデパートを建てて、業界を驚かせた。一九〇九年三月十五日にデパートは盛大なファンファーレとともに開店し、外で待っていた大勢の客が一斉になだれこんだ。彼らをまず驚かせたのは豪華な内装、そしてきめ細やかなサービスだった。一人一人の客に、「ここを自宅と思ってくつろげるように」と小さな銀の鍵が手渡された。さらに他店との大きな違いは、客が商品をじっさいに手にとることができるように展示されていたことである。当時の大手デパートは、自分の社会的地位に自信のない買い物客にとっては、じつに居心地の悪い場所であった。商品を見るためには尊大な面持ちでカウンターの後ろに立っている店員に頼まなければならず、用が済んだら長居は無用だった。特にロウアー・ミドル・クラスの客には、そういう店の店員が自分と同じ階級ではあるが、彼らの方が、上流階級の客に接することによって、自分たちよりもよほど上流階級のことを知っているという、引け目と劣等感があった。さらに、確立《エスタブリッシュド》したミドル・クラスの真似をして買い物をしようとしても、彼らの経済力では、値段を聞いて引き下がって恥をかかざるをえない場合もある。こういった自信のない買い物客にとって、セルフリッジの店はたいへんな魅力にあふれていた。

1909年３月15日のセルフリッジ開店の広告。宣伝文句は「女性のお客様にお仕えし、お子様の必要を満たします。紳士のお買い物にも最適。各種の最良の品物をロンドン一安い値段で提供いたします」。

広くて贅沢な空間で彼らはまさに「客」であり、そのように扱われた。「お客様が手袋を一四枚試着して、結局一枚も買わなかったとしたら——それでもいっこうに構わない」と、セルフリッジは店員たちに言い渡した（『セルフリッジ』）。ハームズワースの『デイリー・メール』とは違って、セルフリッジはロウアー・ミドル・クラスのみを対象にしたわけではなかったが、彼がアメリカで培ったこうしたサービスのノウハウによって、確立したミドル・クラスの生活様式を真似ようとして嘲笑される「ミドル・クラスに従属する」ロウアー・ミドル・クラスを客として招きよせたのである。

このセルフリッジも、現在では立派な高級デパートになっている。最近で言えば、もとはロウアー・ミドル・クラスのイメージのあったマークス・アンド・スペンサー（創業一八八四年）も今ではすっかり「高級スーパーマーケット」のイメージを得ているように、本来はロウアー・ミドル・クラスをターゲットにしたビジネスが、そのターゲットを移動させる、あるいは広げることによって、「ロウアー・ミドル・クラス」のイメージを捨てている例は、少なくない。しかし逆に、実際は、アッパー・ミドル・クラスを含む、はば広いミドル・クラスの利用者によって占められているのに、イメージだけは「ロウアー・ミドル・クラス」が強く残っているものもある。現在でも、小説や演劇、映画やテレビドラマなどでロウアー・ミドル・クラスのリスペクタビリティの象徴として扱われているものの一つ、それは郊外の住宅地——サバービアである。

第四章　「郊外」のマイホーム

「ホーム・スイート・ホーム」、それが私のモットーだ。
（ジョージ・グロウスミス、ウィードン・グロウスミス『とるにたらない者の日記』）

「郊外」と suburbs

日本語の「郊外」の語感とは違うものが英語の suburbs にはつきまとう。英語と言ってもこれはあくまでもイギリスにおける英語のことであって、アメリカやカナダ、あるいはオーストラリアでは同じ suburbs という言葉もまったく違った意味合いを持つ。イギリスの suburbs はおしゃれではないのである。これが特に suburban という形容詞形になると、なぜかなおさらマイナスのイメージが強くなる。たとえば『オックスフォード英語辞典』には suburban の意味として、「郊外に属する」といった意味の他に、「郊外の住人の特徴とされる、劣ったマナー、狭い視野などを持つこと」という定義も書かれている。また、十九世紀末に登場し、郊外の中でも特にロンドン郊外を指すのに使われるsuburbiaという言葉は、通常は揶揄的に使われることの方が多い。

なぜ「郊外」に、このようなマイナスなイメージがつきまとうのか。英語で自己紹介文を書かせると、日本の学生がよく、"My hometown is the countryside" などと書いてくる。この文の文法的な不正確さはともかく、自分の出身地は田舎なのだと卑下しているつもりらしいが、イギリスではcountryというと、上流階級の領地と邸宅、素朴に美しい村といった、高級感あるいは絵になるような、よいイメージが伴う。townといえば、ロンドン、都会、社交界、娯楽、刺激といった、これまたポジティヴな連想をもたらす。じっさい、十八世紀初頭以降、上流階級の用語では、townといえばロンドンを指すようになった。中途半端でどっちつかずで、どこかちまちましていてイメージがよくないのがsuburbs――郊外なのである。そしてこの中途半端なsuburbsにミドル・クラス、なかでもロウアー・ミドル・クラスのイメージが強くこびりついているのも不思議なことではない。

suburbという言葉はそもそもは「町の外」であり、町中に住むことのできない貧民、娼婦や犯罪者、あるいは悪臭を伴う商売に携わる者のすみかであった。また、十六世紀から十七世紀にかけてはsuburbanという形容詞は「堕落した」「猥褻な」という意味で使われており、娼婦は「郊外の罪人」(suburban sinner)などと呼ばれていた。郊外が町の外の、一種の無法地帯だったという現象はもちろん英国に限ったことではなく、ヨーロッパの各国でも同様だったが、十八世紀以降、英国では「郊外」の意味が変わっていく。パリやウィーンといったヨーロッパの都市とは違って、英国では、経済的に裕福なミドル・クラスが、あえて郊外に移り住むようになり、サバーバン・スプロールと呼ばれる、郊外部の無計画かつ急速な発達という現象が始まるのである。

ミドル・クラスの郊外への移動の第一段階は、「週末の別荘」(weekend villa) であった。十八世紀初頭から、ロンドンの裕福な商人たちは、町の外に別荘を持ち、土曜の午後から月曜の朝までを、家族とともにそこですごす習慣を持つようになった。これらの別荘は、アッパー・クラスの田舎の大邸宅を小型にしたようなものだったが、このようにして彼らは、自分たちの商売を手放したり、おろそかにすることなくして貴族や地主階級のように田舎の生活を楽しむ、という折衷をなしとげたのである。この weekend villa がしだいに別荘ではなくて本宅となっていった理由の一つは、福音主義の影響のもとに発達した、「神聖な場所としての家庭」、そして「家庭の守り手としての女性」というコンセプトである。こうして理想化された家庭に、ロンドンなどの都市の汚染された環境は不適切で危険なものと考えられた。また、神聖な家庭は、商売の場所と切り離されるべきだという考えも広まり、家庭の郊外への移転の誘因となった。

「郊外《サバービア》」のイメージ

こうして十八世紀のロンドンの裕福な商人たちは、思想や生活習慣のまったく異なった地主階級の仲間入りをすることなく、おのれの商売と階級へのプライドを捨てずに、ミドル・クラスとしてのアイデンティティを持って、郊外という独自のすみかを手に入れることに成功した。しかしここであらたな問題が起こる。交通機関の発達と政府の指導による交通運賃の値下げによって、それまでは自分の馬車を持つほどの経済力がなければ不可能だった、郊外という住居が、つねに確立《エスタブリッシュド》したミドル・クラスを模倣してきたロウアー・ミドル・クラスの手の届くところとなったのである。ロウアー・ミドル・クラスという新しい市場を得て、郊外は急速に発達していった。土地を郊外住宅地として売却あるいは貸そうとする地主を対象とするマニュアルやガイドが多く出版された。イギリスの郊外についての古典的な著作である、H・J・ダイオスの『ヴィクトリア朝の郊外』には、一八七五年に出版されたマニュアル、『不動産ハンドブック』から次のような歌が引用されている。

The richest crop for any field,
Is a crop of bricks for it to yield.
The richest crop that it can grow,
Is a crop of houses in a row.

畑でもっとも儲かる作物、
それはそこからとれる煉瓦の山。
畑で育つもっとも儲かる作物、
それはずらっと並んだ家の列。

それまでの、裕福なミドル・クラスを対象としたものと違って、ロウアー・ミドル・クラス向けの郊外の住居は庭に囲まれた一軒家という「小型カントリー・ハウス」というわけにはいかなくなった。もっとも廉価なのはテラスハウスと呼ばれる、二階建ての長屋式住宅だが、テラスハウスと一戸建ての間に位置するのがセミ・ディタッチド（semi-detached）と呼ばれる形式の住宅である。一見すると庭のついた一戸建てと見られる家が通りに並んでいる。しかし実は一つの家と見られる建物は真ん中から左右対称にきれいに二つにわかれており、二つの世帯が入っているのである。経済的には一戸建ては望めないが、あくまでもミドル・クラスの住居のステイタスを保ちたい――ロウアー・ミドル・クラスのこのようなニーズに応えたのがセミ・ディタッチドであった。じっさい、一軒家であるという幻想を保つために、それぞれの家の外壁の色、玄関の戸の色、窓枠のデザインや色を統一するという申し合わせが住人の間で行なわれているところも多かった。

建物の外見だけではない。通りの名前、家の名前なども、重要な要素だった。宅地開発業者たちはここでもロウアー・ミドル・クラスの上昇志向に応えるべく趣向をこらした。家はヴィラと呼ばれ、たとえテラスハウスであっても前と後ろに小さな庭がついていた。そしてこれらのヴィラの並ぶ通りには、有名な貴族の名前、あるいは詩人や文学者の名前がつけられた。「田舎の一軒家」の幻想を助けるために、山や森、樹木の名前も好まれた。たとえば、一八八一年の『ロンドン郊外の住宅』のアクトン（ロンドンの西の郊外）の箇所には次のような記述が見られる。

鉄道の駅の近辺には、町のような活気がみられる。いちばん大きな通りはチャーチフィールド・ロードと呼ばれ、〔中略〕それはミルトン・ロードにつながり、さらにシェイクスピア・ロードに延びているが、これらの通りは新しいもので、家賃もきわめて手ごろである。

（ウィリアム・スペンサー・クラーク『ロンドン郊外の住宅』）

しかしイメージ向上のためのこれらの試みは結果的には逆の効果をもたらした。そもそも、裕福な商人たちが最初に郊外に「別荘」を建て始め、地主階級とは違った楽しみ方を始めた頃からすでに、彼らの行為は「僭越」と見られ、嘲笑の的となっていた。

確立された価値観をかたくなに守ろうとするロンドンの風刺家たちには、庶民がわかりもしない貴族の流行をぶざまに真似ているようにしか見えなかったのだ。「ヴィラに住む町人」は彼らの格好の標的になり、醜く太った商人とその妻たちが、当時のあらゆる流行をごたごたと取り入れた、最悪の趣味のヴィラでぎこちなく暮らしているさまを描いた版画がでまわった。

（ロバート・フィッシュマン『ブルジョア・ユートピア』）

そして十九世紀後半になって、ミドル・クラスの新参者たち、おなじロウアー・ミドル・クラスの中でも事務員《クラーク》たちまでもがミドル・クラスのステイタスの確認のために郊外《サバービア》に移り住むようになると、いよいよ郊外は嘲笑の対象となるのである。鉄道の線に沿って、無秩序に延び続ける郊外の住宅地は美観を損なうとして攻撃を受けた。サバーバンという言葉は冒頭に述べたように、「視野の狭い、偏狭な考え方をする」という軽蔑的な意味で使われるようになった。クラッパム、ホロウェイ、ケンザル・グリーン、ハイゲートといった「典型的な」郊外住宅地の名前は嘲笑をもって迎えられた。サバーバンとは趣味の悪さ、せせこましさ、階級に対するこだわり、虚栄といったあらゆるミドル・クラス的悪徳をあらわす言葉となったのである。スティーヴン・インウッドは『ロンドンの歴史』の中で「郊外が第一次世界大戦の前後に発達するにつれて、その美的および環境的な向上心が満たされた一方で、社会的向上心は満たされなかった」と書いている。ロウアー・ミドル・クラスおよび裕福なワーキング・クラスは「田舎もどき」の環境の中でのよりよい住居という念願の「マイホーム」を得ることに成功したが、郊外《サバービア》が不名誉の象徴となるのを防ぐことはできなかった。そしてこれが、現在にいたるまで、英国の郊外《サバービア》という場所にまとわりつくイメージなのである。

「郊外《サバ》に住む人々《ーバン》」

こうして郊外のこぎれいな住居を手に入れたロウアー・ミドル・クラスの人々にはあらたなレッテル「サバーバン」が貼られ、彼らを揶揄し、嘲笑する格好の材料がまた一つ増えたのであった。この材料をたっぷりと活用し、「サバーバン」という形容詞を悪名高いものにするのに大いに貢献した、T・W・H・クロスランドという人物がいる。

クロスランドは詩人であり、同時にきわめて保守的なエッセイストでもあった。彼の詩も散文も今ではまったくと言っていいほど読まれておらず、その名前すら聞いたことのない人の方が多いと思うが、十九世紀の終わりから二十世紀の初頭にかけては、よく読まれていたようだ。クロスランドが一九〇五年に出版した『郊外の人々』(*The Suburbans*)は、町中を出て、郊外に移り住もうとする上昇志向のロウアー・ミドル・クラスに対する痛烈な嘲笑と攻撃である。

サバーバンが独特の人々だという事実は全世界が知るところである。世の中の、よりリスペクタブルな部分を占める、教養のある人々はもうこの何年もの間、サバーバンを話題にするときは声をひそめ、ある種の軽蔑をあらわにしてきた。上質の人々（the superior class）の間では、「サバーバン」という言葉は今日、それまでその言葉が持っていた以上の意味を持つのである。じっさい、言語学的にはこれは罪のない、単純な意味を持つ言葉であったのだが、最近では上質の人々によってこの言葉には、まともな辞書一冊を埋めるのに十分な意味合いがこめられるようになったのだ。すなわち上質の人々にとって「サバーバン」とはこの世におけるあらゆる品のない、不愉快な、そして堕落したものにあてはめることのできるラベルの一種なのである。ある男性あるいは女性の趣味、嗜好、気質、育ちあるいは作法においてなんらかの欠陥が見いだされたとき、上質の人々はすぐさまその欠陥を「サバーバン」と判断する。人生におけるあらゆる単調で平凡なことがら、それはあまりにも頻繁に見られるので、上質の人々にとってはいささかうんざりするものとなっているのだが、それらは完全に、まちがいなく、サバーバンなのである。

冒頭からサバーバン攻撃がこのようにあまりにも唐突で強烈であるため、ひょっとしたら、これは逆に、サバーバンをここまで嘲笑する「上質の人々」に対する風刺なのかと疑いたくなるが、続けて読んでいくと、クロスランドの攻撃の標的はまちがいなくサバーバンなのだということがはっきりとしてくる。たとえば、同じ章で、「サバーバンの起源」が次のように解説されている。

そもそも、平均的な郊外とは本質的にスノバリーが生みだしたものであるということができる。何年も自分の店の上で寝泊りしてきた、羽振りのよい都市生活者は、長年あくせく働いた後、あまりにも余分な富をしょいこんでしまったので、「一マイルか二マイル出たところに可愛くていかす（sweetly pretty）住居」を構えることを決意する。この田園の隠れ家から彼は毎日一頭立て二輪馬車で仕事場まで通うのである。彼の妻と娘たちは、自分たちがかつて、店の上に住んでいたことなど忘れるようになる。彼らは堅苦しく、排他的にふるまうようになり、新鮮な空気によって彼らの顔の色はよくなり、油っぽさと青白さがなくなる。他の裕福な都市生活者たちも彼らの変化に気づき、うらやみ、野心を抱く。そして彼らもまた、一マイルか二マイル出たところに可愛くていかす場所を手に入れ、一頭立て二輪馬車を買い求め、このような移住によって、妻と娘たちの顔色を良くし、ついでに、彼らの社会的地位も向上させるのである。

積極的な悪意さえ感じられるクロスランドのこの文章を読んでいると、彼がなぜこれほどロウアー・ミドル・クラスのサバーバンたちを目のかたきにするのか、何か個人的な恨みでもあったのかとさえ思いたくなる。

クロスランドの他の著作を見ると、たとえば一九〇四年に出版された『日本に関する真実』（*The Truth about Japan*）というのがある。

発育の遅れた、無気力の、黄色い顔をした異教徒たち。彼らの歯はその口の三倍あり、目のあるべきところには出っ張った細長い線があるだけ。靴のブラシのような髪の毛、馬鹿笑い、残酷な心、そして悪魔のような虚栄心――ああ、惑わされた読者よ、これが真正の愛される「リトル・ジャップ」であり、極東の勇士であり、なんとあの全能の紳士ジョン・ブルと同盟を結んだ者なのである。

冒頭からこの調子である。文中に「惑わされた読者」とあるのは、一九〇四年七月二十七日に、タブロイド紙『デイリー・ミラー』に日本礼賛の記事が掲載されたことへの言及だという注釈を作者は加えている。『デイリー・ミラー』に限らず、当時は一九〇二年の日英同盟、そして大国ロシアを相手に日本が戦争を開始して以来、東アジアにおけるロシアの力を恐れていたイギリスではマスコミによって日本がもてはやされ、日本礼賛の書物なども次々と書かれて、ちょっとした「日本ブーム」が起きていた。このことに対してクロスランドは猛烈に反発しているのである。

五〇年もたっていない昔には日本人は扇子をぱたぱたする、箸を振り回す、剣を二本も差した、胆汁分泌過多の珍奇な存在でしかなかった。その狡猾さ、醜さ、そして桜の木と提灯と不道徳の国に住む、コミック・オペラの住人ということでしか知られていなかったのだ。じっさい、日本人の道徳観は宣教師たちに激しい腹痛を起こさせる種類のものだった。

その日本が、今は「新しい大国」としてほめたたえられているのが気に入らないのである。この著作を読む限りでは、クロスランドが積極的な反日家であるというよりは、一時的な流行で日本という国を安易にもてはやし、ちやほやするマスコミと大衆に抗議する、反骨精神のあらわれのように思われる。同様に、クロスランドの「サバーバン」攻撃も、積極的な悪意というよりも、最近急に目立ち始め、世間の話題となった社会現象への反感以上のものではないと見るのが賢明であろう。

ロウアー・ミドル・クラスの娯楽小説

前章でも触れたように、十九世紀の終わりには、ロウアー・ミドル・クラスの読者をターゲットとした、いわゆる「ミドルブラウ」の雑誌や読み物が続々と登場したが、それらの多くはロウアー・ミドル・クラスの人々を滑稽に、しかし以前とは違ってあたたかく描写したものだった。たとえばユーモア作家ジェローム・K・ジェロームの編集する『トゥデイ』という雑誌の一八九四年一月六日号に掲載された、ジョージ・ギッシングの「傘の下で」という短篇がある。

主人公はジョナス・ウォーブリックという名の、「あまり魅力的とはいえない、週三〇シリング稼ぐ、若いロンドンの事務員」である。ある雨の日、ジョナスが、こわれかかった傘をさして（新しい傘を買うほどの余裕もないので）町を歩いていると、傘を持たない若い女性が走って行くのを見つけたので、傘をさしだす。そしてその若い女性が実は彼が以前にかよっていたコーヒー・ショップのウェイトレスで、互いに好意を抱いていた相手のミリーであることがわかる。ミリーが雇い主と喧嘩して店をやめて以来二人は会っていないのだが、彼女のことが忘れられなかったジョナスはこうして偶然会ったことを喜び、つきあいを申し込む。しかしミリーはすでに婚約していた。とはいっても、彼女の口ぶりからどうも婚約者のことを本当には愛していないようだと察したジョナスは、婚約者から彼女を奪い取ってみせると宣言し、その毅然とした態度にミリーもまんざらでもない様子をみせる。ところがい

『トゥデイ』1894年1月6日号。「傘の下で」のイラスト。「暗闇と孤独の中で彼はひとり涙を流した」。

ざミリーの住居にたどりつき、外で待ち構えている頑丈で強そうな婚約者の姿を一目見たとたんに、小柄なジョナスは身が縮むのを感じる。彼は婚約者に何か言いかけるが、その先が続かない。そして、婚約者がミリーとつれだって闇に消えていくのをただ見送り、涙を流すしかないのである。

この主人公のロウアー・ミドル・クラス的な特徴はその体格、性格、そして生活様式にはっきりと見られる。

彼は何年間も、〔サミュエル・〕スマイルズ博士を崇拝し、その人気のある著作を所持し、大事にしてきた。長い間、倹約と自助を行なってきた。彼の明るい小さな魂にはあらゆる種類の賞賛すべき格言がつめこまれていた。誰にも害を与えたことはないし、ささやかな親切をたくさん行なってきた。彼の野心は男になることだった。五フィートちょっとの身長で男になるのは可能なのだろうか。大柄なごろつきが女性をこづいているのを見たあるとき、この疑いが彼の心に浮かんできて、彼はごろつきをとめることができなかった――その勇気がなかったのだ。しかし男であることは体力と勇気のみの問題ではない。彼はこの信念にすがりついた。

自分自身がロウアー・ミドル・クラスの出身で、ロウアー・ミドル・クラスおよびワーキング・クラスの生活を写実的に描いた小説で名を挙げたギッシングのこの短篇にはロウアー・ミドル・クラスの事務員に対する、自嘲的ではあるが、同時に同情のこもった、そしてどこか余裕のあるまなざしが感じられる。当時のロウアー・ミドル・クラスのこのような自己言及的な娯楽的読み物としてはジェローム・K・ジェロームの『ボートの三人男』（一八八九年）や、その続篇であり、三人がドイツを自転車で回る『三人男のあてのない旅』（一九〇〇年）などが有名で、今でも広く読まれている。しかしなかでも、サバービアに住むリスペクタブルなロウアー・ミドル・クラスを絶妙な喜劇的タッチで書き上げた作品、俳優でもあり作家でもあったジョージとウィードンのグロウスミス兄弟による『とるにたらない者の日記』は、ロウアー・ミドル・クラスの自画像の傑作と言えるだろう。

この作品は一八八八年から一八八九年にかけて滑稽誌『パンチ』に連載され、一八九二年に単行本として出版された。ロンドンで事務員をしているチャールズ・プーターとその妻がロンドン郊外に新居を構えた日からこの「日記」は始まる。

愛する妻キャリーと私が新居――ホロウェイのブリックフィールド・テラスの「月桂樹荘」――に落ち着いてちょうど一週間がたった。地下室を入れないで六部屋、そして正面に朝食室のついた感じのよい住居である。前には小さな庭がついている。そこから正面玄関まで一〇の石段がある。ところでこの玄関には鍵をかけて鎖もかけてある。カミングス、ゴーイングその他の親しい友人たちには横についた小さな戸口から入ってもらう。そうすることによって女中が、仕事を中断してわざわざ正面玄関を開けにいく必要がなくなるからだ。裏には、線路のところまで続いている小さな感じのよい裏庭がある。最初は鉄道の音が気になるのではないかと恐れたが、大家さんはすぐ慣れるだろうとうけあい、家賃から二ポンドひいてくれた。彼は確かに正しかった。庭の端の壁にひびが入ったこと以外には、何の不便もない。

シティの仕事が終わると私はすぐに家に帰る。家庭があっても、そこで時間をすごさなければなんの意味があるというのか。「ホーム・スイート・ホーム」、それが私のモットーだ。私はいつも晩には家にいる。われわれの古い友人のゴーイングがふいに立ち寄ることもあるし、向かいに住んでいるカミングスが来ることもある。愛する妻キャロラインと私は、彼らが立ち寄ると歓迎する。しかしキャリーと私は、友人たちが来ないときでも楽しい時間をすごすことができる。いつでもなにかしらすることがあるのだ。どこかに鋲《びょう》を打たなければならないとか、ベネチアンブラインドのまがっているところを直すとか、扇子を壁にうちつけるとか、絨毯の一部を床にうちつけるとか、である。こういったことすべてを私はパイプをくわえながらやってのけられるし、一方キャリーはシャツにボタンをつけたり、枕カバーの繕いをしたり、あるいは新しい小型のアップライトピアノ（三年ローン）で「シルヴィア・ガヴォット」を練習したりする。われわれの息子ウィリーがオールダムの銀行で順調に仕事をしていることを知るのもわれわれにとって大きな喜びである。さて、日記を始めよう。

『とるにたらない者の日記』のウィードン・グロウスミスによる挿絵。プーター夫妻のマイホーム「月桂樹荘」。

日記の前書きというのもめずらしいが、このもったいぶった序文の中にプーター夫妻の社会的地位とライフスタイル、信条がすべてあらわにされているのである。

まず、「月桂樹荘」（The Laurels）という、彼らの家につけられた名前だが、これはサバービアの家の典型的な名前である。ジョン・スミスがイギリス人の典型的な名前だとすれば、The Laurelsは、イギリスの典型的なサバーバン・ハウスの名前だということができる。家に木や花の名や山や森の名をつけるというのも、カントリーに対するサバーバンのあこがれの一環なのであるが、特に「月桂樹」には格調高い、芸術のイメージがあるので、人気があるのだろう。家の作りや環境をくわしく説明し、家賃にまで触れている。お金のことを細かく日記に書き留めているところはいかにも事務員という感じだが、彼の記述からはさらに、新しい住居への愛情と誇りが伝わってくる。

この家庭を大事にするという態度、しかも、友人が遊びに来ればあたたかく迎えるが、他人がいなくても、家族だけで十分楽しいというマイホーム主義もまた「サバーバン・ロウアー・ミドル・クラス」の典型的なものとしてみなされていた。アッパー・クラスおよびアッパー・ミドル・クラスでは家庭ではなく社交界（society）が、行動の中心となる。彼らはたとえば子供に関しても、幼い頃から乳母に預け、子供部屋をもうけ、家の中でも大人とはまったく別の世界に住まわせ、学校に行く年頃になると寄宿学校に入れる。理想化された「家庭」のコンセプトは存在していても、親が子供と接するのは、お茶の時間、子供たちの寝る時間など、あらかじめ決められた時間だけで、そこで無事「親子の交流」を終えた後は、大人と子供は別々の時間をすごすことになる。

一方、ワーキング・クラスにも彼らのコミュニティがあり、そのコミュニティへの帰属意識はきわめて強い。ところがロウアー・ミドル・クラスはいたって孤独な存在なのである。上昇志向にかられ、つねに自分たちをワーキング・クラスと区別する。それどころか、サバービアの隣人たち、同じようなロウアー・ミドル・クラスの人々に対しても、おのれの地位のもろさからくる警戒心と競争心を抱き、心を許すことはないのである。したがって自然に彼らの家庭はそれぞれ孤立した存在となる。妻は夫が毎朝出勤した後は、夕方に帰ってくるまで、きわめて孤独な時間をすごす。ワーキング・クラスのように、妻が仕事を持ったり働きに出ることは、彼らの階級のプライドが許さない。隣人たちとのつきあいも距離のあるものだし、そもそも彼らの経済力ではそう頻繁に人を招待し、もてなすこともできない。こうして生じる孤立を「家庭が一番」という言葉で正当化し、受け入れようとするのである。

そのためにもマイホームは彼らの経済力の許す限り飾り立て、「外に行かなくてもじゅうぶん幸せ」と自分たちを納得させようとする。つねに部屋のあちこちに手を加え、家族の写真や、安物の置物（観光地のみやげものなど）をところかまわず飾る。第二章にも書いたように、アッパー・クラスやアッパー・ミドル・クラスの家庭で流行っていた東洋、特に日本の装飾品も、陶器や骨董品には当然手が届かないので、せめて日本風の扇子を壁にうちつけるのである（壁にうちつけられた扇子は、趣味の悪さの典型として、現在でもイギリスのテレビドラマや映画によく登場する小道具である）。ローンで手に入れたピアノ、下働きの女中（原文では the servant と単数になっているのが大きな意味を持つ。たとえ一人でも、使用人がいるというのが、ロウアー・ミドル・クラスをワーキング・クラスから区別する絶対的条件だったのだ）などが、ロウアー・ミドル・クラスの典型的なステイタス・シンボルなのである。ただしピアノに関しては、月賦制度の普及により、後には多くのワーキング・クラスの家庭にも見られるようになり、アップライトのピアノはしたがって逆の意味でのステイタス・シンボルになっていった。

サバーバン・ロウアー・ミドル・クラスのあやふやなステイタスは、たとえばプーター氏の日記の次の記述にも明らかである。

四月六日——朝食の卵がひどい。ボーセットの店に卵を送り返し、もう御用聞きに来る必要はないと言ってやった。〔中略〕晩に、一階の玄関のところで女中を相手に誰かが大声で話しているのが聞こえたので行って見ると、驚いたことにボーセットだった。酔っ払っていて、攻撃的になっていた。ボーセットは私を見ると、もうこんりんざいシティの事務員を客にするのはこりごりだ。手間ばかりかかって時間の無駄だと言った。私は感情を抑え、町の事務員でも紳士でありうると思うと静かに答えた。ボーセットはそれはおおいにけっこうなことを聞いたと答え、自分はお目にかかったことはないがはたしてそんな人物が存在するのかとたずねてきた。奴はドアをものすごいいきおいで閉めて出て行ったので、あかり窓が割れそうになった。〔中略〕彼が行ってしまってから、きわめてうまい返答を思いついた。次の機会に使おうと思う。
もったいぶったスノッブ、小心者でありながら、自己満足のかたまり――それでもこのプーター氏にはどこか憎めないところがある。たとえば彼はある日、ロンドン市長が開く「商業に携わる人々」のための晩餐会に招かれる。

私は小学生のように心臓がどきどきした。キャリーと私は招待状を二度か三度読み直した。朝食がほとんど喉を通らなかった。私は言った――心の底から思っていたことを――「愛するキャリーよ、われわれの結婚式の日、おまえとともに教会の通路を歩いて私はたいへん誇らしかった。愛するきれいな妻とともに市長と市長夫人の前に出た私はあのときと同じくらい、あるいはそれ以上に誇らしく感じることだろう」。キャリーは目に涙を浮かべて答えた。「愛するチャーリー、誇らしいのは私のほうです。私はあなたをとても、とても誇りに思います。あなたは私をきれいと言ってくださいました。あなたにとってきれいならば私は満足です。愛するチャーリー、あなたは美男子ではないけれどもよい人です。そしてそのほうがはるかに貴いことなのです」。私は彼女にキスをした。すると彼女は、「ダンスもできるのかしら？　あなたとは何年もダンスをしていないわ」と言った。

ポルカを踊って女中に笑われるプーター夫妻。

私はなぜ自分がそんなことをしたかわからないが、彼女の腰を抱いて、愚かにも荒々しいポルカのような踊りを始めたときに、女中がにやにや笑いながら部屋に入ってきた。

この『とるにたらない者の日記』は現在でもイギリス人のひとつの愛すべき典型として広く読まれている（ペンギンブックスの他に、一九九二年にエヴリマンズ・ライブラリーから、そして一九九五年にオックスフォード大学出版局から、あらたにペーパーバック版がでた。テレビやラジオでも放送されている）。しかしこれが最初に出版された当時は、サバービアに暮らすイギリスのロウアー・ミドル・クラスの典型である事務員《クラーク》の喜劇的なステレオタイプを確立したのであった。これは自嘲的でありながらも愛情のこもった自画像であり、『パンチ』のアッパー・クラスやアッパー・ミドル・クラスの読者だけでなく、ロウアー・ミドル・クラスの読者をも喜ばせた。その意味では、ジェローム・K・ジェロームの『ボートの三人男』などに見られる、明るくて楽観的なロウアー・ミドル・クラス像と通じるものがある。このクラスの読者たちが、自画像をなかばシ

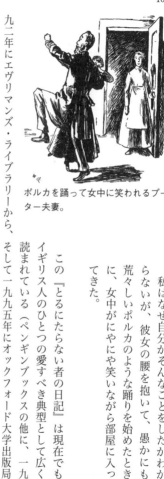

ニカルに楽しんでいたのか、あるいは「自分だけは違う」という優越感をもって読んでいたのかを定めるのは難しいが、これらの「ロウアー・ミドル・クラスもの」が、娯楽小説として人気を得ていたのはたしかだ。そしてこのような、急速に目立ってきたロウアー・ミドル・クラスの人々の暮らしぶりを、おもしろおかしく、かつあたたかく、軽い調子で描写する読み物の普及は、前述のクロスランドだけでなく、「ミドルブラウ」文化の普及を嘆くインテリたちにとっては、苦々しいものであった。しかしこの頃、ロウアー・ミドル・クラスをたんなる喜劇の材料としてではなく、満たされていない不幸な階級として、はじめて深刻にとりあげる作家も登場してくるのである。

第五章　ロウアー・ミドル・クラス内の近親憎悪

「奴は新しいタイプなんだ。あのサウス・ケンジントンの学校や工芸学校が、あいつらのような人間を何百人も作りだしている」
（H・G・ウェルズ『恋愛とミスター・ルイシャム』）

一九〇〇年六月十四日の『デイリー・クロニクル』紙に、次のような書評が掲載された。

この最新作はウェルズ氏の傑作である。以前、氏の『運命の車輪』を読んだときに、ウェルズ氏がその才能を発揮できるのはこのジャンルであって、科学空想物語ではないと思ったが、いまやこのことを確信している。〔中略〕

ウェルズ氏は〔ジョージ・〕ギッシング氏や〔F・〕アンスティ氏が扱うのと同じ種類の人々、同じ階級に目を向けているが、その目は両氏とは異なったものであり、気質もまた違う。私見を言うと、ウェルズ氏の目は彼らの目よりも真実を見ているし、ウェルズ氏の気質は、彼らよりも優しいという意味で、よりすぐれている。ロウアー・ミドル・クラス、あるいは正確には貧しいミドル・クラスというべきかもしれないが、アンスティ氏はここに、ウィットの材料を見いだし、格好の標的にして読者を笑わせるし、ギッシング氏は彼らのうすよごれたさま、みすぼらしさ、そしてときには彼らの哀しみを見るだけであり、どんよりとした悲劇的な見方をしている。ウェルズ氏は真の科学者らしく、そして真の芸術家らしく、注意深く、技をきかせて、見たものすべてを読者の前にさしだすのである。

これは一九〇〇年に出版されたウェルズの小説『恋愛とミスター・ルイシャム』の書評の冒頭の部分である。H・G・ウェルズといえば日本では『タイム・マシン』（一八九五年）、『透明人間』（一八九七年）などのSFものの作家というイメージが強いので、彼が、ロウアー・ミドル・クラスの人々を忠実に描いた、まったく別の種類の小説を書いていたことは意外に思われるかもしれない。じっさい、当時の書評を見ると、彼のSFものを評価する批評家と、ロウアー・ミドル・クラスものを評価する批評家との二つに、支持は分かれている。

ウェルズの最初の「ロウアー・ミドル・クラス小説」は一八九六年に出版された『運命の車輪』（*The Wheels of Chance*）であった。主人公のフープドライヴァー（直訳すると「輪を操る人」の意）は、ロンドン郊外のデパートに勤める店員であるが、短い休暇をもらって、自転車旅行に出かける。彼は「コナン・ドイル、ヴィクトル・ユーゴーやアレクサンドル・デュマを読んでいる」、つまり『ストランド・マガジン』の愛読者で、典型的なロウアー・ミドル・クラスの若者であり、「彼の実生活はまったくもってつまらないものであり、もし彼が自分の生活に、ギッシングの小説の主人公のように、現実的に直面しようとしたら、きっと一年もたたないうちに酒浸りになり、自殺に追い込まれていただろう」と描写されている。ウェルズはこのように、同じロウアー・ミドル・クラスの人々を題材にしながらも、自分とは扱い方がまったく違う、ジョージ・ギッシングを揶揄しているわけだが、『運命の車輪』では「休日の冒険」(*A Holiday Adventure*)という副題も示しているように、主人公はいつもの生活の場から離れ、自転車をこぎながらさまざまな空想に浸り、別の人物になったふりをして、現実生活からの逃避を試みているのである。第三章でも触れたように、自転車は十九世紀末に広く普及するようになった。サイクリングは特に、馬や馬車は持つことはできないが、余暇と少々の金銭的余裕を得た新しい階級、ロウアー・ミドル・クラスの格好の娯楽となったのである。同時にこの娯楽は手軽な運動として、アッパー・クラスやアッパー・ミドル・クラスの紳士淑女にも好まれた。したがって、サイクリングという娯楽は、さまざまな階級の老若男女が時間と空間を共有する(一時的ではあっても)という意味でも、新しいものであったのだ。たとえばフープドライヴァーは道中、ある若い女性と出会う。

彼女は本物の若い淑女だった。間違いない！　その辺の女店員などではなく。（男性店員が女性店員に抱く軽蔑以上のものがあるとすれば、それは女性店員が男性店員に対して抱く軽蔑かもしれない。）

しかしフープドライヴァーは、この淑女に自分の階級を見抜かれているのではないかと感じる。

彼女が自分を紳士だと思っていないことは一瞬にしてわかった。一瞥で、彼の正体を見抜いたようだった。このような女性に話しかけるなんて、なんと馬鹿なことをしたのだろう！　彼女のような教育を受けた人間はもちろん自分の正体など見抜くに決まっている。それにしてもなんて美しい話し方だ。なんとはっきりした、きれいな発音だ！　彼は自分の発音がきわめてなさけないものだと実感した。

彼はこのように、つねに劣等感に苛まれ、現実の世界に引き戻され、哀しい瞑想にふける。

本物の労働者は俺たちのことをあざ笑うし、銀行の事務員や事務弁護士の事務員みたいに教育を受けた奴らも俺たちのことを馬鹿にする。外見はリスペクタブルでも、中身は、まるで囚人のように狭い寮につめこまれて、パンとバターの食事、そして奴隷のように働かされる。自分が上位の人間でないということがわかる程度の上位にいるのだ。

それでもこのように「外見はリスペクタブル」であるおかげで、彼は、人生経験のない、十七歳の淑女に、正体を見抜かれずにすむ。

彼の英語は少々不安定なものではあったが、本で読んだロウアー・クラスのようなものではなかった。マナーも大体良いようだったが、ほんの少し丁寧すぎて、古くさいところがあった。彼女を「奥様」と呼んだこともあった。お金にも時間にも不自由していない人間のようだったが、最近の音楽会や演劇や書物についてなにも知らなかった。いつもどうやって時間を過ごしているのだろう？　たしかに女性に礼儀正しかったし、ほんの少し単純だった。〔中略〕彼はいったいなんなのだろう？

フープドライヴァーの階級を見抜くことができないこの少女は、彼が植民地からの帰国者なのだろうという結論に達し、フープドライヴァーもこれ幸いと、自分が南アフリカのダチョウ農場で育ち、九歳の頃からライオン狩りをしていたと、話す。こうして彼はほんのつかの間、現実から逃げることに成功するのである。ウェルズのこの作品は、ロウアー・ミドル・クラスの若者の苦悩を扱ってはいるものの、ジェローム・K・ジェロームやグロウスミス兄弟などの「ロウアー・ミドル・クラス娯楽小説」と同類の、軽いものであった。しかし一九〇〇年の『恋愛とミスター・ルイシャム』は少し異なっていた。

題名の「ミスター・ルイシャム」は学校の教師の名であるが、彼は将来大きく成功したいという野心を抱いている。そのために、毎日の勉強のスケジュール表を作っており、時間をいっときも無駄にせずに、勉学に励むという、サミュエル・スマイルズの弟子のような人間である。その努力が実り、ロンドンのサウス・ケンジントンに設立された科学専門のカレッジへの奨学金を得たルイシャムは嬉々として学校を退職し、ロンドンに向かう。ところがここでルイシャムはエセルという若い女性と恋におちてしまう。しかもエセルが養ってもらっている義理の父親はチャフリーという詐欺師であった。どういう詐欺師かというと、当時流行していた降霊術師であり、いかさまの降霊術を、義理の娘に手伝わせて行なっていたのである。ルイシャムは学校を卒業して、まともな仕事につくまで待つつもりだったのが、エセルをそのぺてん師の父親から引き離したいあまり、まだ在学中に彼女と結婚し、その結果、学業を中断して職につき、長年の野心をあきらめることになる。エセルはルイシャムと同じ階級に属するのであるが、あるいはそれだからかもしれないが、ルイシャムの野心を理解することができない。そればかりか、彼が自分が入れない世界にいることに嫉妬し、ルイシャムが同級生の女性と親しく交際するのもやめさせる。小説の結末では、エセルが妊娠し、学校を正式にやめて職を得たルイシャムが、持ち物の整理をしていると、若い頃に作成した、毎日の勉強のスケジュール表をみつけ、それを破り捨てるのである。

「キャリア。これ自身がキャリアだ——世界でもっとも重要なキャリアだ。父親になることが！　これ以上望むことがあろうか？」

軽快なロマンティック・コメディを期待させる題名には実はきわめて苦い皮肉がこめられているのである。ウェルズのロウアー・ミドル・クラスものの主人公には多かれ少なかれウェルズ自身の若い頃の姿が反映されているが、このルイシャム氏も例外ではない。ウェルズは一八八一年に中学校を卒業した後、地方の服地屋の見習い店員となったが、その生活に耐えられなくて店をやめ、一八八三年から一八八四年まで、学校の教師を務める。教師をしながら勉強を続け、一八八四年、十八歳のときに、ロンドンのサウス・ケンジントンの科学専門学校への奨学金を得る。冒頭の引用の中の「サウス・ケンジントンの学校」とはここのことである。ウェルズはその自伝の中で、この学校について次のように解説している。

現在は科学技術帝国大学として知られている、サウス・ケンジントンの学校の大集団は、一八五一年の大博覧会において、ヨーロッパ大陸で産業の復活が露見したことによるさもしいパニックから生まれた、完全に技術的な学校からはじまったものだった。最初の建物はジャーミン・ストリートの実用地理博物館（「実用」という語の断固とした響きに注目）の中にあり、呼び名は「政府炭鉱科学学校」というものだった。後に化学部、鉱物学の講師そしてさらに後に物理学実験室がつけ足された。これらは少しずつサウス・ケンジントンに移転して、さらに、遅ればせながら全国に広がりつつある科学の授業を受け持つ教師の訓練のための教員養成学校が、いささかぎこちなくつけ足された（一八七三年と一八八一年）。それ以降この学校は拡大と吸収を続けてきた。今日それは、建物と学部からなる、真菌状の集合であり、目に見える中心も、方針も思想も持たない。それはあの、さらに膨大でさらに顕著に無頭の怪物、ロンドン大学の一部となったのである。

（H・G・ウェルズ『自叙伝の試み』）

同じ学問でも、神学や哲学などの人文科学よりも自然科学がはっきりと下に見られていたことに対するウェルズの憤りと劣等感が感じられる文章である。

ウェルズはここで著名な科学者T・H・ハックスリー（一八二五―九五年）のもとで学

ぶ。その後、教職に戻り、科学雑誌に小品を発表し始め、一八九〇年には学士号を取得。翌年いとこのイザベルと結婚するが、一年後にエイミー・キャサリン・ロビンズ、愛称「ジェーン」と知り合い、その翌年ジェーンと駆け落ちし、さらに二年後に結婚する。この年に『タイム・マシン』を発表し、ウェルズは一躍有名になる。彼は続々と小説を発表し、ジョージ・ギッシング、ヘンリー・ジェイムズ、J・M・バリーといった著名な文筆家と知り合い、交際する。『恋愛とミスター・ルイシャム』を発表した一九〇〇年には三十四歳の若さで、ケント州サンドゲートに家を建てられるほど裕福になっていた（当時としてはたいへんなことで、現在の日本で三十代でマイホームを建てるのとも比べものにならないくらいだ）。

つまりミスター・ルイシャムは、途中まではウェルズの姿なのであるが、決定的に違うのはウェルズが大望を成就させたのに対してルイシャムはあっさりとあきらめ、「家庭」を選ぶということなのである。ルイシャムは「出世」よりも「恋愛」を選んだとさえいえないのだ。ルイシャムがサウス・ケンジントンで知り合う同級生の女性は、ウェルズの「ジェーン」がモデルとなっている。ウェルズはそこで迷わず恋愛を選び、最終的に出世と恋愛の両方を手に入れるが（ただし彼の場合はここでとどまらず、八〇年の長い生涯の間、次々と女性を愛し続けた）、ルイシャムはまだ友情の域を出ていない彼女との交流を妻と家庭の平和のためにあきらめるのである。「家庭を大事にする」そして「現状に満足して野心をもたない」という美徳が特にロウアー・ミドル・クラスのものとして揶揄の対象となっていたのは前の章で述べたとおりである。ウェルズはここで、ルイシャムという人物をとおして、彼の階級の限界をあらわにすると同時に、その階級の思想、伝統、しがらみすべてを振り切り、超えることができた自分との違いをもはっきりとさせているのである。こうして、ウェルズはロウアー・ミドル・クラスから抜け出そうとして抜け出せなかった人間の悲哀と最終的なあきらめを克明に描くことによって、そこから抜け出すことの難しさを示し、同時に抜け出すのに成功した自分を確認しようとしていたとも言える。

『キップス』

このような「階級を超えられないロウアー・ミドル・クラス・ヒーロー」は、これ以降のウェルズの「ロウアー・ミドル・クラス」小説に一貫して見られるテーマである。一九〇五年に出版された『キップス――素朴な魂の物語』では、主人公のアーサー・キップスは服地屋の見習い店員であるが、ある日思いがけなく遺産を相続し、急に上の階級（といってもアッパー・クラスではなく、ミドル・ミドルからアッパー・ミドル・クラスくらい）の仲間入りをすることになる。財産とともに立派な屋敷を相続した彼はさっそくそこに引っ越して、「紳士」としての生活を始めるが、何から何まで慣れないことばかりである。彼は『貴族が書いた、上流階級のマナーとルール』や『会話の技術』『やってはいけないこと』などのマナー本を読んで勉強し、めでたくその階級の女性と婚約する。彼女はキップスが彼らの階級の新参者であることはもちろん承知しており、機会があるごとに彼の話し方、アクセント、そして礼儀作法を直そうとする。この窮屈な生活にあきあきしたキップスはある日彼女に内緒でロンドンにでかけ、彼の財産に見合う一流ホテルにチェックインして、つかの間の自由を味わおうとする。しかしここでも彼はつねに礼儀作法に気をつかわなければならず、休まるときがない。まわりの「アッパー・クラスおよびアッパー・ミドル・クラス」の客が彼を取り巻いて笑っているという妄想に悩まされた末に、キップスはホテルをひきあげる。こうして彼は最終的には、婚約を解消して、もとの階級の女性と結婚する。その女性はキップスとは違って、「分不相応」なことをするのをきらい、女中一人置くことにも反対するばかりか、はじめての訪問客に対して、自らが女中のふりをして追い返し（彼女自身、女中をしていたことがある）、キップスを怒らせる。最終的にはキップスは、自分が雇った顧問弁護士の不正によって財産の大部分をなくし、残された金で小さな本屋を開き、妻と子供とともにささやかながら幸せな日々を送ることになる。

キップスはウェルズやミスター・ルイシャムと違って、いわゆる野心家ではない。遺産がころがりこんできたのはまったくの運であり、彼は服地屋の見習い店員をしていた頃も、特に上昇志向を持っていたわけではなかった。天から降ってきたような金のおかげで一時的に上の階級の仲間入りをする資格を与えられたが、結局はその資格を自分のものにすることができなかっただけである。このテーマは特にめずらしいものではないが、ウェルズの手にかかるとこれはたんに「金持ちや上流階級は必ずしも幸せではない」という単純なものではなくなる。

たとえばキップスがロンドンの一流ホテルでしでかす数々の失策（ホテルの使用人に出会うたびに、相手が誰であろうと法外なチップを与えるという「成金」的な失敗、テーブル・マナーの失敗など）はきわめて冷ややかな、揶揄的な調子で書かれており、たとえばグロウスミスのプーター氏の失策とは違う描き方をされている。さらにキップスは、同じロウアー・ミドル・クラス・ヒーローでも、ミスター・ルイシャムや後述の『トノ・バンゲイ』のジョージ・ポンデレヴォに比べて、より下の位置にいる人物であることを、その話し方（特にアクセントとhの音の欠如）によってウェルズは強調している。ルイシャム氏とは違って、教育もなく、いわゆる「向上心」のないキップスのような人物は、たとえいきなり財政的に豊かになったとしても、結局は自分の本来の階級で満足し、決してそれを超えることはない、とウェルズは冷ややかに語っているのであって、「貧しくても幸せが一番」といったようなほのぼのとした話ではないのである。この作品は一九六三年に『心を繋ぐ六ペンス』（原題 *Half a Sixpence*）という題でミュージカル化され、後にそれは映画化された。「愛すべき労働者階級の若者」をやらせたら天下一品の役者トミー・スティール主演のこの映画は、「高望みしても幸せにならない。ささやかな幸せが一番」という、アンチ・サクセスストーリーの典型のような作品だが、これは原作のウェルズの意図とは異質なものだといえるだろう。

『トノ・バンゲイ』

一九〇九年には、ウェルズの最高傑作とも言われる小説『トノ・バンゲイ』が出版された。主人公のジョージ・ポンデレヴォは、薬屋をしているおじのエドワードの家で住みこみの見習いをした後、サウス・ケンジントンの科学専門学校に入学する。一方、つねにひと山あてようと機会をねらっていたエドワードは、「トノ・バンゲイ」と名づけた、インチキの精力剤を売りだし、それが大ヒットして巨額の富を得る。ジョージはこの頃、マリオンという女性と恋に落ちており、彼女とともにすごす時間をつくるために勉強をそっちのけにして学校から呼び出される始末だが、まだ、勉強への情熱を捨てたわけではない。ところが、「トノ・バンゲイ」で大成功したおじから、仕事を手伝わないかと誘われる。おじは高額の報酬を約束し、それだけの金があれば、すぐにマリオンと結婚できると考えたジョージは勉強をあきらめておじの申し出を受け入れ、マリオンと婚約する。ここでも、勉強して知識を得ることによってもとの階級から抜け出そうという望みを抱くロウアー・ミドル・クラスのヒーローは、恋愛に目がくらみ、最初の目的からはずれた道を歩むことになる。それでもジョージは、似たような境遇のミスター・ルイシャムとは違って、富は得ることになる。ここは、教育はないけれどもいきなり富を得ることになったキップスと似ているが、ジョージの場合は結婚後、自分とは感性も考え方も違って、ロウアー・ミドル・クラスを超えようとしないマリオンに失望する。

私たちの人生に関する考えはまったく違っていた。家具についても意見が合わなかったのをおぼえている。私たちはトッテナム・コート・ロードに三、四日通い、そこでマリオンは自分が気に入ったものを、有無を言わさない様子で選びだした。私の提案は、「まあ、あなたって本当に変わったものが好きなのね」と片づけられた。マリオンが追い求めたのは一つの限りある、はっきりと目に見える、経験済みの理想であり、それ以外のすべての可能性は排除された。すべての炉棚の上には、覆いのついた鏡が飾られ、食器棚はガラスのついた立派なものだったし、長いスタンドのついたランプに部屋の隅にはソファ、そして鉢植えが置かれた。これらすべてはスミジー〔マリオンの姉〕の賞賛を得た。家中で、座って本を読めるところはまったくなかった。私の蔵書は、食堂の奥まった隅の棚に追いやられた。そして私たちはピアノも買った。マリオンの腕は初心者なみだったにもかかわらず……。

ごてごてと飾りたてられた部屋、ガラスのついた食器棚（ガラス戸と鍵のついた食器棚は、酒類をこっそり飲んでしまう使用人のいるようなミドル・クラスの家庭で大きな人気を得た）、部屋の隅に置かれた鉢植え、「ほこりがたまるから」と邪慳《じゃけん》にされる書物、弾けもしないのにとりあえずそろえるピアノ——まるでロウアー・ミドル・クラスのカリカチュアのようになってしまったこの家は、いまだに野心を捨て切れずにいるジョージにとって、決して心の休まるところとはならない。しかもマリオンはそのロウアー・ミドル・クラス的福音主義的生いたちにふさわしく、肉体関係をいやがるのである。ジョージはとうとうタイピストの女性と関係を持ち、それを知ったマリオンに離婚を迫られ、承諾する。

離婚後ジョージは、子供の頃からあこがれていたアッパー・クラスの少女ビアトリスの成長した姿に偶然出会い、恋するが、彼女にはすでに愛人がいた。それでも二人は肉体関係を持つ。ビアトリスのこのアッパー・クラス的「非道徳性」がジョージにとっては、ロウアー・ミドル・クラスのマリオンのアンチテーゼであり、家庭を捨て、彼女と肉体関係を持つ自分も、こうして自分の階級の思想や道徳観を超える存在となるのである。

一方、ジョージのおじのインチキ精力剤の会社は徐々に経営が怪しくなる。結局おじの会社は倒産し、おじはフランスに逃げ、そこで病死する。おじの死後ジョージは、駆逐艦をつくる仕事を得る。小説の最後ではジョージは四人のジャーナリストとともに駆逐艦Ｘ２に試乗し、彼らによって「大英帝国のために尽くしている」と称えた記事を書かれる。

だけど実際はＸ２は大英帝国用ではないし、ヨーロッパの大国用ではないのだ。わたしたちは最初はこれを母国の人々に提供しようとしたが、彼らはまったく私を相手にしようとしなかった。そして私はとっくの昔にこのようなことで頭を悩ますのをやめてしまった。私は自分のことを外から見るようになった。自分の国を外から見るようになった――なんの幻想も抱かずに。わたしたちは作り、そして手渡すのだ。

漠然としか述べられていないが、ジョージは結局、国を守るという大義のためでなく、他国に売り渡すために駆逐艦をつくっているのである。ここにはすでにロウアー・ミドル・クラスなどといった狭い階級を超えたばかりでなく、ひとつの国民としての意識も超え、ひいては人間としての良心も超えてしまった男の姿が示されている。その意味では、これまでの『恋愛とミスター・ルイシャム』や『キップス』とは違った、スケールの大きさが感じられ、これこそをウェルズの傑作と評価する批評家が多いのもうなずける。しかしスケールがどうであれ、この作品に出てくるのはやはり、自分の階級に満足しない、あるいはそこから出てしまったロウアー・ミドル・クラスの若者であり、ジョージの場合は、もとの階級から出るのに成功してしまった者が行き場を失った悲劇と捉えることもできる。自分の属する階級からはみだしてしまったために、イギリスという国の中では居場所を失い、最終的には国を売る行為にまで至るという男の悲劇は、たとえば実在のスパイを題材にした、ジュリアン・ミッチェルの一九八一年に初演された劇とその映画化『アナザー・カントリー』などに見られるテーマでもある。

ウェルズのロウアー・ミドル・クラスへの「復讐」

翌年の一九一〇年に出版された『ポリー氏の物語』ではポリー氏はキップスと同じく、服地屋の見習いとして働き始め、やはりキップスと同様、これといった向上心や野心を持ち合わさないロウアー・ミドル・クラスの人物である。父親が死んで、金を残してくれたため、ポリー氏は小さな店を買うことにし、いとこの一人と結婚して夫婦で店を始める。そのまま中年に達したポリー氏は自分の人生になんの喜びも見いだせないため、自殺を考える。彼は家に火をつけ、そこで喉を切るつもりだったのが、勢いよく燃え広がる火を見て動揺し、あわてて消防車を呼びに走る。さらに、火が隣の家に燃え移ったのを見て、そこの二階に寝ている隣人の母親を助け出す。こうしてすっかりヒーローあつかいされたポリー氏だが、自分の人生に対する不満は依然として消えない。彼は、火事によって手に入る保険金をすべて妻に残し、家出する。

ひと月ほどさまよった後、ある宿屋兼居酒屋にまよいこみ、そこを一人で切り盛りしている中年の女主人に気に入られ、住みこみで働くことになる。しばらくはそこで平穏に暮らしていたポリー氏は、良心に苛まれてある日こっそりと、もと住んでいた村に、妻の様子を見にいく。そこでは彼は死んだと思われており、妻が保険金を元手にして食堂を営業しているのを見て、ポリー氏はまた宿屋に戻り、そこでの生活を続けていく。ミスター・ルイシャムやジョージ・ポンデレヴォと同様に、ポリー氏も自分の生活に満足していない。しかし彼の場合、それは漠然とした不満であり、ルイシャムやジョージのように、学問をして成功しようといった、具体的な目標があるわけではなく、どちらかというと、キップスの中年の姿を思わせる。じっさい、一九一〇年四月二十一日の『タイムズ・リタラリー・サプルメント』の書評はこの二人の類似点を指摘し、この作品の「焼き直し」の要素を嘆いている。

ユーモアに富んだ、個性的で感性豊かな人物が自らの無知と戦う。美しいものや優れたものに対して漠然とした認識を持ちながら、それらは彼にとって身につけていない知識、どうやって身につけたらよいかわからない知識なのである。ウェルズ氏はこのようなタイプの人物を書くことに関して傑出していることをもうずいぶん前に証明している。そして、今になって氏がこのことを再び証明しようとしているのは、危険な兆候である。ポリー氏はさまざまな面でキップスとは区別がつけられているが、本質的には両者は同じものである。彼らの付属物でさえ、著者自身から借りたものである。服地屋、予期しなかった遺産——ロマンを求め、あぶなかしげに進む自転車でさえそうである。〔中略〕というのもポリー氏は、一人の人物として描かれていると同時に、彼のような人物を大勢生みだしておきながら居場所を与えないという、奇妙で無駄の多い社会の象徴でもあるのだ。

そしてこれがウェルズが、「ロウアー・ミドル・クラス」ものから離れることができなかった理由でもある。社会によって教育を受け、「上に昇る」機会を与えられた人々が、結局は社会における居場所を拒否される不条理というテーマをウェルズは繰り返しとりあげざるをえなかった。彼は広く行き渡った教育がもたらした大衆文化を、自分がその恩恵をこうむっているにもかかわらず、そして『タイム・マシン』などのSF小説によって自分がそれに貢献し、また、それによって成功がもたらされ、自分のロウアー・ミドル・クラス脱出を可能にしてくれていたにもかかわらず、嫌悪していた。大ヒットした一八九八年の小説『宇宙戦争』の意図された読者の大部分はシャーロック・ホームズやジェローム・K・ジェロームの読者たち――郊外に住むプーター氏、キップス、ポリー氏たちなのである。そしてこの小説の中で火星人に攻撃され、徹底的に破壊されるのはまさに、彼らの住む郊外である。設定をこのように身近にすることによって、読者の恐怖をあおるという意図があったのはもちろんである。じっさい、当時これを読んだ読者の多くは、火星からの侵略という事態が本当に起こりうるという恐怖と不安にかられたにちがいない。しかし、地球の将来を考えるにつれ、人口の増加を恐れ、「劣等人種」を抹殺するという優生学的思考が強くなっていったウェルズにとって、経済的に豊かになって、その数が増え、生半可な教育を受けて生半可な知識を得た、自分の出身階級の人々の美意識の欠如と「大衆的」な嗜好は一種の近親憎悪の対象となっていたのだろう。

幻想の世界においてウェルズは——繰り返し繰り返し、ますます残忍な方法で——ブロムリー〔ロンドン郊外〕を醜くした、ぶざまに広がる郊外に対して、恐ろしい復讐を果たしていったのである。

（ジョン・ケアリー『知識人と大衆』）

第六章　貴族への憧れ、労働者への共感

われわれは非常に貧しい人々を取り扱いはしない。彼らはわれわれの思考の範囲からはずれており、統計学者あるいは詩人が扱う人々である。この話はジェントルマン階級の人々、あるいはジェントルマン階級のふりをせざるをえない人々を扱っているのだ。

（E・M・フォースター『ハワーズ・エンド』）

エドワーディアンとジョージアン

フォースターの『ハワーズ・エンド』は一九一〇年に出版された。ウェルズが『ポリー氏の物語』を発表したのと同じ年である。一九一〇年という年は、ヴァージニア・ウルフの有名な言葉「一九一〇年十二月頃に、イギリス人の人間性ががらりと変わりました」（「ベネット氏とブラウン夫人」）によって、イギリスにおいてモダニズムが始まった年と見られることもある。なぜ一九一〇年かというと、ポスト印象派の展覧会がはじめてロンドンで開か

れた年であり、また、ジョージ五世が即位した年でもあった。翌年の一九一一年にはディアギレフのロシア・バレエ団がロンドンにやってきて、観客に強い衝撃を与えた。

長かったヴィクトリア時代が一九〇一年にやっと幕を閉じ、待ちかまえていた長男のエドワード七世が六十歳で即位し、俗に「エドワーディアン」と呼ばれる時代が始まったが、それはわずか一〇年しか続かなかった。エドワード七世は母親のヴィクトリアとは違って派手好きで遊び人で、娯楽と女遊びが大好きな人物だったが、「エドワーディアン」という時代そのものは、どこか後期ヴィクトリア朝の延長といった、古風なイメージがつきまとう時代である。ウルフの前述のエッセーによると、「エドワーディアン」と「ジョージアン」の違いははっきりしたものだった。

最初にものごとをはっきりとさせておくために、エドワーディアンとジョージアンを二つの陣営として分けることを提案します。〔H・G・〕ウェルズ氏、〔アーノルド・〕ベネット氏、そして〔ジョン・〕ゴルズワージー氏をエドワーディアンと呼びます。〔E・M・〕フォースター氏、〔D・H・〕ロレンス氏、〔リットン・〕ストレイチー氏、〔ジェームズ・〕ジョイス氏、そして〔T・S・〕エリオット氏を私はジョージアンと呼びます。

ウルフ自身はもちろん自分を「ジョージアン」とみなしていた。著名な文筆家レズリー・スティーヴンの娘であったヴァージニアとその姉ヴァネッサは、父親の死後、ロンドンのブルームズベリー地区に移り、そこで「ブルームズベリー・グループ」と呼ばれる小説家や画家、詩人や彫刻家たちの集まりの中心となった。伝記作家のリットン・ストレイチー、画家のダンカン・グラントやロジャー・フライ、経済学者メイナード・ケインズ、作家E・M・フォースターなどがそのメンバーだった。彼らは主にアッパー・ミドル・クラスの知識階級出身者で、ヴィクトリア朝的道徳観や因習的な文学、美術に反抗して芸術面でも生活でも、新しいスタイルを築こうとした。ヴァージニアは作家レナード・ウルフと、ヴァネッサは美術評論家のクライヴ・ベルと結婚するが、ヴァネッサは後にダンカン・グラントと一緒に住むようになる。グラントは作家のデイヴィッド・ガーネットと同性愛の関係を持ち、ヴァネッサ、グラントとガーネットは三人で一緒に住んだ時期もあった。さらにガーネットはヴァネッサとも肉体関係を持とうとして拒否される。その後ガーネットは最初の妻が病死した後、ヴァネッサとグラントの間にできた娘、二六歳年下のアンジェリカと再婚する。このいかにも「ブルームズベリー的」人間関係は、ガーネットが一九五五年に発表し、一九八九年にアンドリュー・ロイド・ウェバーがミュージカル化した『アスペクツ・オヴ・ラヴ』に、形を変えて現れるのである。

私たちは誰も、たとえば宗教や宗教的な感情に対する敬意を持ち合わせてはいなかった。滑稽に思われる教義があれば、日常生活におけるばかばかしいできごとを笑うように、自由にそれを嘲笑することができた。

（ヴァネッサ・ベル「ブルームズベリーについて」S・P・ローゼンバウム編『ブルームズベリー・グループ』）

彼らがただちに、批評家や他の芸術家たちの反感を買ったのは無理もない。ブルームズベリーのメンバーだった批評家デズモンド・マッカーシーは「ブルームズベリー」という言葉について、次のように思い起こしている。

それは批評において主に罵りの言葉として使われていて、〔中略〕漠然と、一種の横柄な排他主義、反群衆的知性偏重、そして優越感から生じる、軽薄な道徳観を意味するのである。

（デズモンド・マッカーシー「ブルームズベリー——ある未完の回顧録」S・P・ローゼンバウム編『ブルームズベリー・グループ』）

しかし、耽美主義においてもそうであったように、この「横柄な排他主義」はミドル・クラスのハイブラウを気取る人たちをひきつける、格好な要素だったのだ。女性作家E・M・デラフィールドが、一九三〇年代のアッパー・ミドル・クラスの有閑婦人をおもしろおかしく描いた小説『ある田舎の婦人の日記』（一九三〇年）にはこのような記述がある。

〔ヴァージニア・ウルフの小説『オーランド』について〕読むまでは、きわめて知的に語ることができたのに、じっさい読んでみると一言も理解できない。

この小説の主人公である「田舎の婦人」は、つねに「モダン」であろうと努力し、文芸雑誌を購読し、最新の書物の書評を読んで、「知識人」の仲間入りをしようとする。しかし、雑誌で読んだ知識をひけらかすことはできても、いざじっさいの作品に接してみると、まったく自分の理解を超えていることに気づくのである。これは知的向上心を持ったミドル・クラスの多くが共有した悩みであったろうが、なかでもいちばん苦労し、しかも揶揄の対象となったのは、やはり、アッパー・ミドル・クラスの例にならおうと試みた、ロウアー・ミドル・クラスの読者たちだった。

こうもり傘を所有する人

一九一〇年のフォースターの『ハワーズ・エンド』はこの章の冒頭の引用にもあるよう

に、「ジェントルマン階級」――つまりアッパー・ミドル・クラス――そして「ジェントルマン階級のふりをせざるをえない人々」――ロウアー・ミドル・クラスの事務員《クラーク》を扱っている。その一〇年前に出版されたウェルズの『恋愛とミスター・ルイシャム』や、前年に出版された『トノ・バンゲイ』が、ロウアー・ミドル・クラスが描く、上昇志向のロウアー・ミドル・クラスの若者の肖像だとしたら、『ハワーズ・エンド』は、アッパー・ミドル・クラスが描く、上昇志向のロウアー・ミドル・クラスの若者の肖像であると同時に、その若者に対するアッパー・ミドル・クラスの人々の反応をも描いたものである。

物語の中心人物はマーガレットとヘレンという二人の姉妹である。彼女たちはアッパー・ミドル・クラス出身で、芸術や政治、女性の参政権といったことがらに興味を持ち、まるでヴァージニア・ウルフ、ヴァネッサ・ベル姉妹のような存在である。題名になっている「ハワーズ・エンド」とは、あるアッパー・ミドル・クラスの家族が、先祖代々受け継いでいる屋敷の名前だが、マーガレットはハワーズ・エンドの持ち主であるウィルコックスという男性の後妻となる。妹のヘレンは、マーガレットの結婚後、特に社会問題に興味を持つようになり、偶然知り合ったロウアー・ミドル・クラスのレナード・バーストという若者に興味を示し、彼の擁護者のような存在になる。バーストはウェルズのミスター・ルイシャムやアーノルド・ベネットの自伝的小説の主人公リチャード・ラーチと同じく、自分の現状に満足していない。しかしフォースターはこれを、個人的な野心ではなく、時代が生み出した現象として描いている。

彼は貧しかったため、その精神と肉体はどちらも栄養失調だった。そして彼はモダンであったため、精神も肉体もつねにもっとよい食料を切望していた。もし彼が数世紀前に、過去の明るく彩られた文明に生きていたならば、彼にははっきりとした身分があっただろうし、その階級と収入は一致していただろう。しかし彼の時代には民主主義の天使が現れ、すべての階級にその革の翼の影を落とし、こう宣言したのだ。「すべての人間は平等である――と言うのはつまり、こうもり傘を所有する人間はすべて」。したがって彼は紳士のようにふるまわざるをえなくなった。さもなければ、なにものもそこでは意味をもたない、民主主義の宣言も聞こえてこない深淵に落ちてしまうから。

バーストはジェントルマンのようにこうもり傘を持ち歩き、教養を高めるために、音楽会にでかける。ところがそこでたまたま隣に座っていたヘレンが、彼のこうもり傘を自分のと間違えて持って帰ってしまう。紳士階級に必死でしがみついているロウアー・ミドル・クラスのバーストにとって、紳士階級の象徴であるこうもり傘が、同じミドル・クラスでありながら、こちらは間違いなく紳士階級に属するアッパー・ミドル・クラスのヘレンによって奪われてしまうのである。こうしてバーストはヘレンとマーガレットの姉妹と知り合うことになる。彼はある保険会社の事務員という典型的なロウアー・ミドル・クラスであり、妻のジャッキーと二人で暮らしている。

居間にはひじかけ椅子のほかに二脚の椅子、ピアノ、三本脚のテーブルとコージー・コーナーが置かれていた。一方の壁には窓がついていて、もう一方にはキューピッド像がごたごたと飾られた炉棚が据えられていた。

これがバースト夫妻の居間の描写である。おさだまりのピアノ、コージー・コーナー（部屋の隅にぴったりとはまるように置かれたソファ）、ごたごたと飾られた炉棚――これもまた典型的なロウアー・ミドル・クラスの居間であり、また、バースト夫人ジャッキーもミスター・ルイシャムや『トノ・バンゲイ』のジョージの妻同様、夫の夢や野心、趣味や思考を理解することができない。ただしレナード・バーストの場合は、居間に本棚が置いてあり、仕事から帰ったバーストが一所懸命ラスキンの著作を読み、理解しようと努めるさまを、フォースターはコミカルに、揶揄的に描いている。

彼は自分のためになることをやっていると感じることができた。そしてラスキンやクイーンズ・ホールの音楽会やウォッツの絵画などを続けていけば、ある日自分がよどんだ水の上に頭を出して、世界を見ることができるのだと思っていた。〔中略〕彼はピアノに座って、グリーグの曲を弾いた。その弾き方は下手で、品のないものだったが、ある程度の効果はあげた。というのもジャッキーがそろそろ休むわといって寝室に引き上げたからだった。

一人になったバーストは、音楽についてのマーガレットとヘレンの会話を思い出す。そして自分がどれほどがんばっても、たとえ一日一〇時間本を読んだとしても、決して彼らのようにはなれないことを悟るのである。

漠然と「上の階級」をめざすミスター・ルイシャム、キップスやジョージと違って、バーストは同じミドル・クラスでありながら、自分のとうてい手の届かないところにいるアッパー・ミドル・クラスの人々に対して反発と羨望、あきらめの入り交じった複雑な感情を抱く。しかしマーガレットとヘレンがバーストに対して抱く感情は、上の階級の人間が下の階級の人間に対して抱く親切と一種の責任以上のものではない。バーストはある保険会社に勤めているが、マーガレットの夫が別の話のついでにその保険会社に触れて、会社が不安定な状態にあるというのを聞き、ヘレンはバーストにわざわざ手紙を書いてそのことを告げる。バーストは即座にその会社をやめ、銀行に勤めるが、一か月後にその銀行はリストラを行ない、バーストはクビになってしまう。さらに悪いことに、マーガレットは夫との会話で、問題の保険会社が実は危ない状態にはなかったということを聞く。ヘレンはバーストの失業について、自分たちの階級の人間があまり知識のない下の階級の人間に対して、無責任な情報を与えた結果だと思って責任を感じ、バースト夫妻を連れて、マーガレットとその夫の住む田舎の屋敷に乗り込んでいく。マーガレットに追い返されたヘレンは、バースト夫妻と近くの宿屋に泊まり、そこでヘレンは興奮と感情のたかぶりの結果、バーストと性関係を持ってしまう。一夜だけの関係であることは双方とも承知しているが、ヘレンは妊娠してしまい、子供を生んで一人で育てていくつもりだと姉や親戚に宣言する。そもそもアッパー・ミドル・クラスの女性が結婚もしないで出産するというだけでも大きなスキャンダルなのに、そのうえ、相手がロウアー・ミドル・クラスの、既婚の男だということで、大騒ぎになる。特にマーガレットの夫の息子であるチャールズは、家名に傷がつく、と猛烈に怒り、バーストが近くに来たら殴り倒してやるといきまく。

小説の終わりではバーストがマーガレットのところに謝りに来たところを、チャールズがとっさにそばにあった剣をもってとびかかる。動揺したバーストはおもわず本棚につかまろうとしてそれをひっくり返し、そのショックで心臓麻痺で死ぬ。

「ウィルコックスさん、私は過ちを犯しました」とレナードは言った。

男は彼の襟元をつかみ、「杖を持ってこい」と叫んだ。女の悲鳴が聞こえた。ぴかぴかと光った杖が降りてきた。痛みが感じられたが、それは杖が触れた場所ではなく、彼の心臓だった。本がばらばらと降ってきた。感覚が消えていた。

「水を持ってこい」この間ずっと平静を保っていたチャールズが命令した。「奴はふりをしているだけだ。もちろん切りつけたりしていないからな。外に運んで空気にあてよう」。

こういうことは彼に任せた方がよいと判断したマーガレットは、彼の言葉に従った。彼らはすでに死んでいたレナードを砂利道に寝かせた。ヘレンが彼に水をかけた。

こうしてバーストはあっけなく最期をとげる。堂々と戦ったわけでもなく、剣に倒れたわけでもない。自分で本棚をひっくり返し、文字どおり「本に埋もれて」死ぬのである。これはバーストが自分の階級を超えようとしたことがもたらした悲劇なのであるが、同時に、彼のような上昇志向の階級を生み出した社会が生んだ悲劇でもある。教育がいきわたり、どの階級でも本が読めるようになり、余暇も増え、交通機関も発達して運賃も安くなった。それ以前ならば社交的な接点などないはずの人々が、音楽会で隣り合わせに座ることが可能となった社会。そこでアッパー・ミドル・クラスに近づこうとする人々の哀れで無駄な努力、そしてそれがもたらす悲劇をフォースターは、アッパー・ミドル・クラスの作家という立場で描いているのである。バーストはしたがって喜劇的な人物ではない。しかし彼は悲劇の主人公でもない。たんに哀れなロウアー・ミドル・クラスの人物なのである。前に掲げたクロスランドの粗野で短絡的な「ロウアー・ミドル・クラス攻撃」とはもちろん比較にならないが、それでもフォースターのロウアー・ミドル・クラスの人物に対する見方は同様の哀れみと優越感を含んでいると言えるだろう。

ヴァージニア・ウルフは日記の中でアーノルド・ベネットの発音を「奇妙」、つまりロウアー・クラスの訛りがあると評し、「小店主的な文学観」を持っていると描写しているし、ウェルズに関しても「もし彼がカウンターの後ろに立っているのを見たら、忙しい小さな食料品店の店主の典型と思ったでしょう」と書いている。つまり彼女と芸術観、文学観を共有しない作家に関しては、彼女はつねに彼らの階級をも意識した批判を行なっているのである。そしてもちろんこれはウルフに限ったことではない。この時代のブルームズベリー・グループをはじめとした「モダン」な芸術運動は、因習的な芸術観にとらわれる古いタイプの人間を排除するとともに、なまかじりの知識や教養で背伸びをしようとするロウアー・ミドル・クラスの人々をも排除するのである。彼らが、本を読み、音楽を聞き、絵を見ることをおぼえ、習慣とする。ところが彼らがこうしてやっと得た教養と文学観をひっくり返す。こうして同じミドル・クラスの中でも「本当に」芸術を理解できるマーガレットやヘレンのような人物は、バーストのように、せいいっぱい背伸びをして、なんとか従来の「古典」になじんだばかりの新参者たちを閉め出すのである。

美化されたワーキング・クラス

フォースターが『ハワーズ・エンド』で述べているように、彼らにとって、素朴なワーキング・クラスの方が、ずっと魅力的な存在であったのだ。たとえば彫刻家のエリック・ギルは素朴な農民（peasant）の生活を理想とし、「農民風」の服装をして歩き回った。「彼はすべての人間が読み書きを教えられるべきかどうかについては大きな疑問を抱き、セルフリッジに爆弾が落ちてくれれば、と願っていた」（ジョン・ケアリー『知識人と大衆』）。

青白い顔をして事務所にとじこもり、食事には缶詰を食べ、郊外の家と仕事場を電車で往復するだけの貧弱なロウアー・ミドル・クラスと違って、ワーキング・クラスは強い肉体と強い精神力を持つ、魅力的な存在だったのである。ロウアー・ミドル・クラスの母親とワーキング・クラスの父親を持った作家、D・H・ロレンスが『レイディ・チャタリーの恋人』（一九二八年）で描いた猟場番人メラーズはまさにそういう人物である。レイディ・チャタリーはアッパー・ミドル・クラスのインテリの家に生まれ、貴族階級のいちばん下の位である准男爵のクリフォード・チャタリーと結婚する。チャタリーは第一次世界大戦に従軍し、負傷した結果、下半身が麻痺してしまい、生涯を車椅子ですごすことになる。夫から性的満足を得られないレイディ・チャタリーはメラーズと肉体関係を持つのであるが、ただしこれは、夫や夫の友人にはない肉体的な野卑さを求めるということだけではない。というのはメラーズは第一次世界大戦に兵卒として従軍していたのだが、ある士官に気にいられ、ワーキング・クラスでありながら昇進して士官になるという、当時ではめずらしい恩恵をこうむるのである。そのときに話し方の訓練を受け、紳士の教育も受けていた。しかし戦争が終わると彼はもとの村に戻って、もとの階級に戻るために、チャタリー家の猟場番人の仕事についたのである。それでも言葉のはしばし、身のこなし、会話の内容などに、どこか紳士の要素が残っていて、それが最初にレイディ・チャタリーの興味をひくという設定になっている。

メラーズにもすでに妻がいるが、自分の階級からどこかはみ出してしまった男の例にもれず、妻とはコミュニケーションがなりたたず、うまくいっていない。ロレンス自身が、ロウアー・ミドル・クラスの母親の影響で、ワーキング・クラスの父親に対して、幼い頃から軽蔑に近い感情を抱くようになり、さらに、作家として成功を収めるにつれて、アッパー・ミドル・クラスの仲間いりをして、階級に関する劣等感をおぼえ、自分の属する階級がどこにあるのかという問題に悩まされていたことを考えると、ワーキング・クラスから紳士階級へと抜擢され、その後、ワーキング・クラスに戻ろうとするが完全に戻ることのできないメラーズの苦悩に近いものがあったのだろう。

こうしてメラーズは、精神的には紳士であるが、生まれつきのアッパー・クラスやアッパー・ミドル・クラスに見られるような情熱の欠如や肉体の弱さ、あるいはロウアー・ミドル・クラスに見られるようなひ弱さやリスペクタビリティや上昇志向を持たない、理想的な男性となるのである。レイディ・チャタリーはメラーズと出会う前に自分の階級の男性と性的関係を持つが、その男性は自分だけすぐにクライマックスに達してしまい、レイディ・チャタリーを満足させることができないばかりか、自分が射精した後に、彼女がオルガスムスを得ようと体を動かすと、自分はそれでへとへとになってしまうのになんて性欲の強い女だと非難し、彼女はすっかりその男に愛想をつかす。それに対してメラーズは、いわばアッパー・クラスの精神がワーキング・クラスの肉体に宿った、理想の男性なのである。

『マイ・フェア・レディ』と『ミー・アンド・マイ・ガール』

このように、同じステレオタイプでも、ワーキング・クラスの方が、ロウアー・ミドル・クラスよりもはるかに好ましいものとなっている。素朴で、自分の階級にプライドを持っていて、下手に上昇志向など持たない。分をわきまえ、自分のささやかな生活に満足している農民、あるいは陽気なコックニー（ロンドンのイースト・エンドと呼ばれる、ワーキング・クラスの多かった地区の住人。彼らの話す英語の訛りも「コックニー」と呼ばれる）。これはたとえばジョージ・バーナード・ショーの『ピグメイリオン』（一九一三年初演）と、それをもとにしてつくられたミュージカル『マイ・フェア・レディ』（台本A・J・ラーナー、作曲F・ロー、一九五六年初演）に出てくる、イライザの父親、ごみ収集人のアルフレッド・ドゥーリトルなどに見られる。イギリス人に大人気のステレオタイプなのである。ドゥーリトルは怠惰で大酒のみで、しかも自分の娘がアッパー・ミドル・クラスの音声学者ヒギンズに「みそめられた」と勘違いし、酒代をたかりに来る。ヴィクトリア朝メロドラマの「ワーキング・クラスの悪い父親」の典型のような、嘆かわしい人物である。彼は自分の境遇に満足しており、ヒギンズが面白半分に三か月の訓練で、国会議員か、牧師にしてやろうと提案しても、自分には「堕落した貧乏人」がいちばん性に合っている、と断わる。後に彼はヒギンズの気紛れによってまとまった財産を得ることになり、無理やりミドル・クラスの一員にされてしまう。ミドル・クラスになったからには、同棲していた女とは結婚しなければならないし、見たこともない親戚がいきなり大勢現れてたかりにくる、などとヒギンズにこぼすドゥーリトルの姿はきわめて滑稽である。

しかし原作では同時に、アッパー・ミドル・クラスの人間の無責任な行為によって、精神的な教育も啓蒙も受けないまま、経済力だけを与えられたワーキング・クラスの人間の戸惑いと不幸も感じられる。ドゥーリトルはフェビアン主義者のショーにとっては、「啓蒙されていないワーキング・クラス」という、社会的な問題なのである。しかしミュージカルでは、名優スタンリー・ホロウェイ（彼は映画でも同じ役を演じている）演じるドゥーリトルは歌って踊って飲んで遊ぶ、その日暮らしの自由きままなワーキング・クラスというイメージのみが強調されており、観客を喜ばせるのである。これが、『マイ・フェア・レディ』がオリジナルの『ピグメイリオン』とは比べものにならないくらいの大人気を博した要因の一つだろう。

『マイ・フェア・レディ』の人気のさらに一つの要因は、このミュージカルからは、原作に色濃い、「ミドル・クラス」の要素が取り除かれていることにある。これはもちろん、このミュージカルがブロードウェイのために書かれたのだというのが大きな理由であろう。台本を手がけたアラン・ジェイ・ラーナーはニューヨーク生まれのアメリカ人だったが、ハーヴァード大学に進学する前は、イギリスのパブリック・スクール、つまり私立の寄宿学校で教育を受けており、イギリスの階級制度については、身をもって体験していた。だからなおさら、イギリス人が特にこだわり、また、当然のように理解している階級についての細かいこだわりが、必ずしも他国の人間には伝わらないし理解されないことも承知していたのだろ

スタンリー・ホロウェイ扮するごみ収集人、アルフレッド・ドゥーリトル。ホロウェイは『マイ・フェア・レディ』のブロードウェイ初演のときからドゥーリトルを演じ、映画にも出演したが、そのときは74歳だった。

う。したがってラーナーは、原作に見られる、「ミドル・クラスの細かい人間模様」の要素をきれいに取り除いているのである。

このことがもっとも顕著なのは、両作品の見せ場の一つ、イライザが訓練を受けてしばらくして、最初に人前に出る場面である。原作ではこの場面はヒギンズの母親の応接間であり、同席する客はアインスフォードヒル夫人とその息子と娘の三人だけだ。ショーはト書きで彼らを次のように描写している。

母親は育ちが良く、もの静かで、生活があまり豊かでない人々によく見られるような、不安げな面持ちをしている。娘の方は、社交界に慣れ親しんでいるといったふうの、陽気な雰囲気を見せている。貧乏な紳士淑女特有の虚勢である。

つまり彼らは、裕福でもなければ、高い地位にいるわけでもなく、最近の社交界における流行や約束ごとに関する知識もない。したがって、発音だけはアッパー・クラスのものを身につけたイライザが、親戚が帽子を「くすねた」(pinched it) とか父親が「飲んだくれてた」(Drank! My word! Something chronic) といった話をすると、いささか妙に感じながらも、それが社交界で今流行の話し方なのだというヒギンズの説明をうのみにし、娘の方は、大真面目でその真似まで始めてしまう。スノッブなアッパー・ミドル・クラスを皮肉に、そして滑稽に描いた場面である。

一方、ミュージカルではこの場面は上流階級のもっとも華やかな社交の場の一つであるロイヤル・アスコットに置き換えられている。これはロンドン郊外のアスコット競馬場で六月に行なわれるもので、王室のメンバーやその他の貴族、有名人、アッパー・クラスおよびアッパー・ミドル・クラスの人々が着飾って出かける、社交界のイベントである。ここにもアインスフォードヒル親子は登場するが、ミュージカル版では、スノッブの娘は登場せず、母と息子だけであり、彼らも、原作の「不安げ」な面持ちはまったくなく、きれいに着飾り、立居振舞も堂々としている。ここでイライザは馬を見て興奮し、誰が見てもアッパー・クラスの淑女とは思えないような言動を披露する。視覚的にも華やかで、喜劇的であるこの設定の方がミュージカルに適しているのは明らかだが、ここでは喜劇は、アッパー・クラスの人々の中で失敗をおかすワーキング・クラスという、きわめて単純で、わかりやすいものとなっている。こうして『マイ・フェア・レディ』ではミドル・クラスの上と下といったわずらわしい問題が省かれ、アッパー・クラスの紳士とワーキング・クラスの娘のシンデレラ的ロマンティック・コメディとなるのである。

『ピグメイリオン』からアイディアを得たと言われたミュージカルは、実はこの前にもあった。一九三七年にロンドンで大ヒットした『ミー・アンド・マイ・ガール』（台本L・アーサー・ローズとダグラス・ファーバー、作曲ノエル・ゲイ）である。この作品は、ロンドンのイースト・エンドに暮らすワーキング・クラスの気の良い青年ビルが、実はヘアフォード伯爵という古い貴族の、唯一のあとつぎだということがわかり、その屋敷に連れて来られる。しかし話し方から始まって、礼儀作法、身のこなし、洋服の趣味など、あらゆることがらについて訓練が必要なうえ、彼にはワーキング・クラスの恋人がいた。すったもんだした挙句、恋人のサリーがこっそり訓練を受け、話し方、服装など、完璧な淑女となって登場し、これならビルの相手として申し分ないというわけで、二人とも伯爵家に受け入れられ、めでたしめでたしとなる。この作品が、初演のときには一六四六回の上演を記録し、歴史に残る大ヒットとなった。さらに一九八五年に、エマ・トンプソンをサリーの役に迎えてロンドンのウェスト・エンドで再演されたときにも大きなヒットとなった。話は軽くてたわいないものだし、歌も軽快で楽しいが、特に素晴らしいわけではない。この作品がこれほどまでにイギリス人の観客の間に人気があったのは、まさにイギリス人にとっていちばん好ましい存在――アッパー・クラスとワーキング・クラス――が主人公だからである。ビルは心も態度もワーキング・クラスだが、実は貴族の血が流れている。恋人のサリーはまぎれもないワーキング・クラスだが、『マイ・フェア・レディ』のイライザ同様、シンデレラ的大変身をとげ、ミドル・クラスをとびこして、いっきにアッパー・クラスの淑女になってしまうのだ。

このミュージカルのいちばんのヒット・ソングは、ビルが昔の生活を懐かしんで歌う、

「ランベス・ウォーク（ロンドンのテムズ川右岸のワーキング・クラス区域にある通りの名。「ランベス風歩き方」という意味にもなる）」である。

ランベスに来てごらん、
いつでも来て見てごらん、
俺たちが「ランベス・ウォーク」をやってるよ。
ここは自由できままな生活。

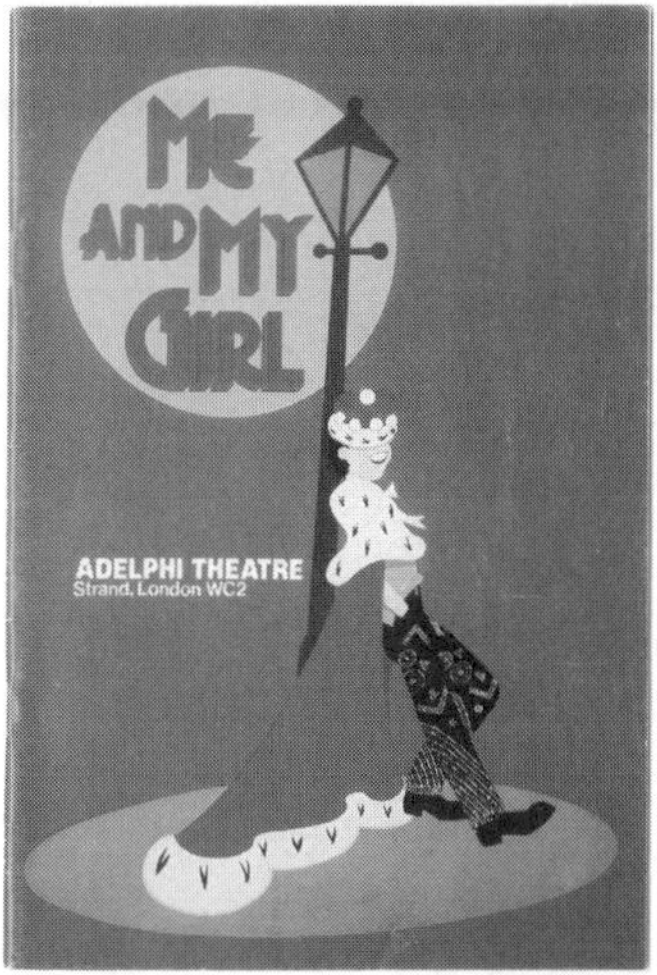

『ミー・アンド・マイ・ガール』1992年ロンドンのアデルファイ劇場のプログラムの表紙。貴族のローブを身につけているが、その下にはコックニーの「衣裳」である、ピカピカのボタンをたくさん縫いつけたズボンを穿いているビル。

やりたいことをやってりゃいい、
一度来てみろよ、
来て、そのまま帰るなよ。
一度ランベスに来てごらん、
いつでも見られるよ。
俺たちの「ランベス・ウォーク」。

前びさしのある帽子をかぶり、きらきら光る真珠貝のボタンを洋服に縫いつけ（十九世紀のコックニーの呼び売り商人たちの衣裳）、親指をたてながら「オイ！」と声をかけ、ロンドンのコックニーたちが舞台を闊歩する。これは何度もアンコールを要求される、人気のナンバーだった。しかし、こうしてワーキング・クラスの生活を懐かしむビルも、「ウィリアム征服王の時代から伝わる」ヘアフォード家の血をひくものとしての義務、「ノブレス・オブリージュ」を教えられ、貴族としての責任を担う覚悟をするのである。この現実逃避的な「古き良きイギリス」には、ロウアー・ミドル・クラスの「リスペクタビリティ」は存在しない。どの階級の観客にとってもこれは、一つの「理想の中のイギリス」であり、現実とは別に、「イギリスのよいところ」として美化して楽しめる世界なのである。

第七章　階級を超えるメアリー・ポピンズ

私は平等であることには賛成だけれども、ウィリーと結婚なんてことになったら、メイヴィスにも言ったけれども、ウィリーの部屋と、高価なカーペットなのに油でぎとぎとしているところと、チューブからはみだした絵の具を思い出しただけでも、あんなに自分を落とすなんてとんでもないと思います。

（ミュリエル・スパーク「あのきたないことといったら」）

ロウアー・ミドル・クラスが教育、経済力、生活様式などにおいて、アッパー・ミドル・クラスに近づけば近づくほど、アッパー・ミドル・クラスはこの二つのミドル・クラスの間の溝をはっきりさせようとする。ロウアー・ミドル・クラスがアッパー・ミドル・クラスの真似をして「リスペクタブル」になろうとして身につけた習慣、趣味、そして持ち物が今度は「逆ステイタス・シンボル」となってしまう。たとえばアップライトのピアノがロウアー・ミドル・クラスのシンボルとなったのはすでに述べたとおりだが、レースのカーテン、レースのテーブル・センター、ソファやひじかけ椅子にかけられた、汚れよけのカバーなども同様である。

また、自分たちをワーキング・クラスから区別する、「リスペクタビリティ」のしるしの一つであった「清潔好き」という要素も、ロウアー・ミドル・クラスの特徴とみなされるようになった。これはもちろん、ミドル・クラスに多くの信者をもったメソジスト派の創始者、ジョン・ウェスリーが説教の中で有名にしたことわざ「清潔さは信心深さと同じくらいに立派なものである」がもたらした「清潔好き」＝「メソジスト」＝「ミドル・クラス」というイメージにもよるところが大きいが、清潔さに過度にこだわる態度がロウアー・ミドル・クラス的なものとして、揶揄の対象とされてきたのはたしかである。

このように、経済力や職業などの大きなカテゴリーでの区別をつけるのが難しくなると、生活の中のきわめて細かい部分にこだわることで、ミドル・クラスの中での上下の区別をつけようという傾向が強くなるのである。たとえ同じ郊外の、同じ通りの、同じような規模の家に暮らしていても、居間にどのような家具を置き、何を飾るか、そもそも「居間」を何と呼ぶか、何時にお茶を飲み、そのときに何を食べるか、そういった細かいことがらによって隣人とはっきりと区別がつけられることもある。そうしてこのようなミドル・クラスのこだわりは、イギリスのあらたな「コメディ・オヴ・マナーズ」、つまり人々の言動や習慣をおもしろおかしく書き上げた風習喜劇として、二十世紀、特に戦後のイギリス小説の大きな特徴の一つとさえなった。

たとえば女流作家ミュリエル・スパークの、一九五八年に出版された短篇に「あのきたないことといったら」というものがある。一人の少女ローナのモノローグのかたちで書かれている作品であるが、この少女は学校を卒業すると事務弁護士の事務所でタイピストとして雇われる。しかしその事務所があまりにもきたないのですぐに退職し、清潔で近代的な設備のある製薬会社に勤める。そこでの仕事の関係で彼女は医者の家族と知り合い、個人的なつきあいをするようになるが、彼らの家がやはりきたないのにショックを受ける。

いい人たちだけれども、家がきたないのにはびっくりしたわ。でもあの人たちと仲良くしていると、他の人たちにも紹介してもらえるし、母さんと父さんは私が立派な人たちと仲良くなったのを喜んでくれた。だから床にひびが入っていたり、壁のペンキがはげていたりするのも気にしないことにしました。お医者さんの家にしては子供たちの洋服はとても古くて、奥さんは子供たちが学校から帰ってくると、制服からわざわざ古い洋服に着替えさせていました。

しかしローナがショックを受けたのは彼らの家や服装だけではなかった。

ある日、私が遊びに行っていたときにメイヴィス（私はこのときにはダービーさんの奥さんをもうこのように呼んでいました）が窓から頭をつきだして、息子に向かって叫んだんです。「ジョン、キャベツの上でおしっこしないで。芝生でおしっこしなさい」。私は目のやり場がなかったわ。母さんは絶対に窓からあんな言葉を大声で叫んだりしないし、弟のトレヴァーは絶対に外でお小水なんかしません、海の中でも絶対にね。

やはりロウアー・ミドル・クラスの特徴とされるのは、排泄行為、性行為、そして死といった「タブー」なことがらについて、婉曲語法を使う、言葉遣いにおけるリスペクタビリティである。トイレに行くことをspend a penny、死ぬことをpass away、妊娠していることをbe in the family wayなどと婉曲に表現することは、最初のうちは女性や子供のためのやさしい表現であったのだろう。じっさい、この種の婉曲的な表現は英語にはじつに多い。しかしそれを使うことは、「ミドル・クラス」であるというイメージが強くなり、最終的には、なかでも揶揄の対象とされるロウアー・ミドル・クラス的用法とみなされるようになったのである。

ローナはこの医者の家族をつうじて、金持ちの若い画家に出会う。彼はローナに好意を抱くが、彼のアトリエがあまりにも乱雑なのにローナは嫌悪感を覚え、冒頭の引用のように、その画家をむしろ自分よりも下にいる存在とみなすところでこの短篇は終わっている。はっきりとしたあらすじもない、きわめて短い作品だが、ローナの使う「お上品」な言葉、堅苦しい口調、語彙の貧しさ、過度の衛生感覚などから、読者はこの語り手の階級、そして彼女がいわば我慢してつきあっている医者や画家たちといった人々の階級をはっきりと読み取ることができるのである。ローナ自身、この医者の家族がどこか自分たちよりは洗練されていることを感じている。

ダービーさんたちについて言えることは、友達がしょっちゅう訪ねて来ていて、その人たちはおもしろい話ができるということです。でもときどきびっくりするようなことを言うので、私は目のやり場に困りました。それにときどきとても落ちぶれた感じの人たちもいました。努力さえすればあんなになることはないのに。でもお客さんのほとんどは違った感じで、私の事務所の男の子たちと比べて、教養のある会話をしていました。

彼らに教養のあることは漠然と感じているローナだが、それ以上の評価を彼女はすることができない。美的感覚よりも衛生感覚が発達し、それがリスペクタビリティだと信じている、この自己満足のかたまりのような少女を著者は容赦なくからかっているのである。

　このようなミドル・クラスの内部でのアッパーとロウアーのこだわりは、ジョン・ファウルズの一九六三年の衝撃的な小説『コレクター』にもみてとることができる。コメディ・オヴ・マナーズとはほど遠い作品ではあるが、この小説の重要なテーマの一つは、主人公の青年フレデリックと、彼が誘拐してきた若い女性の階級の違いなのである。フレデリックは蝶々の収集と写真を趣味とする事務員なのだが、サッカーくじで賞金を得て（イギリスではこれはロウアー・ミドルおよびワーキング・クラスの人間がもっともてっとり早く富を得る方法として、小説や演劇では常套手段となっている）、田舎に家を買い、そこに、かねてから遠くから眺め、あこがれていたアッパー・ミドル・クラスの美術学校生のミランダを無理やり連れてきて、監禁する。彼はミランダに指一本触れるわけではなく、食事を運び、衣服を買ってきて、画材道具も与え、彼女がなるべく居心地がよいようにと気を配るのであるが、彼が用意するもの一つ一つが、彼の所属する階級の価値観を反映し、ミランダのアッパー・ミドル・クラス的感性に障るのである。居間を sitting room ではなくて、気取って lounge と呼んでいること、ごてごてと飾りのついたランプを飾っていること、陶製のカモを三羽、壁に飾っていること、さらには、彼が彼女に触れようとしないことまで、彼のロウアー・ミドル・クラス的リスペクタビリティの表れとして、ミランダの嘲笑の的になる。彼女自身は階級意識などは好まないと語るが、「そんなことには騙されない。人が何を言うかじゃなくて、どんなふうに話すかで階級がわかってしまうんだ」ということを承知しているフレデリックにとって、ミランダが「階級のことを考えるのはやめなさい」と言うことは、「裕福な人間が貧しい人間に、金のことを考えるのはやめろ、と言うようなもの」なのである。

最後にミランダは病死してしまい、青年は「高いところをねらいすぎたのが間違いだった」とつぶやきながら、今度は雑貨店の店員に目をつけるのである。この主人公の姿は不気味でありながらどこか哀れでもある。自分自身、サバービアのミドル・クラスの出身で、つねにそこから脱出することを考えていたと語るファウルズは、スパークのローナと同様、アッパー・ミドル・クラスとの溝を感じながらもそれを超えることも理解することもできない、ロウアー・ミドル・クラスのステレオタイプを、一つの過激なカリカチュアとして読者に提示している。

U と non-U

戦後、イギリスでは階級がなくなると思われていた。しかし経済的な面で、ワーキング・クラスとミドル・クラスとの差が縮まり、さらにミドル・クラスの中でもアッパーとロウアーの境界線がますます曖昧になるにつれ、言葉遣い、語彙、価値観、道徳観、美意識といったソフト面においての違いはかえってはっきりとステレオタイプ化されるのである。

一九七二年にジョン・ベッチマンという詩人が、イギリスの桂冠詩人（国王によって任命され、王室や国家の行事の際に詩を作ることを任されている。二〇二〇年現在の桂冠詩人はサイモン・アーミテッジ）となった。彼は「サバービアの詩人」と呼ばれるほど、郊外に暮らすミドル・クラスの人々の日常生活を詩に書くのを好んだ。彼自身はロウアー・ミドル・クラスの出身だった。彼の祖父はロンドンで家具作りの職人をしていたが、鍵のついた金属の酒用のキャビネットを考案して財をなした。このキャビネットは、使用人がこっそり主人の酒を飲むことのないように作られたもので、その程度の使用人しか雇えない家庭、あるいは、自分の地位に自信がないあまり使用人をも信用することのできないミドル・クラスの新参者たちの需要に応えたものだった。

ベッチマンはそれでも、オックスフォード大学時代にはアッパー・クラスの友人を多く作り、アッパー・クラスの令嬢と結婚した。しかし、自分の出身階級に関する劣等感は一生消えることがなく、多くの作品からもそれは読み取れる。たとえば「偽りの安心感」（False Security）と題された作品では、彼が少年時代、知り合いの少女に招待されたパーティに行ったときの経験が書かれている。彼はどきどきしながらやっとの思いで少女の住む大きな家にたどりつき、ケーキやアイスクリーム、ゼリーや果実酒をふるまわれ、手品ショーを楽しみ、幸福感にひたるのだが、いざ帰るときになって、少女の母親が他の母親に言った言葉を耳にはさんでしまう。「ジュリアはどこであの変わった、ちょっと品のない男の子を見つけてきたのかしら？」。

そのベッチマンが、一九五一年に、アッパー・ミドル・クラスを主な読者とする文芸誌『タイム・アンド・タイド』にあるクイズを載せた。次の、五連からなる詩の中で、三四の「社交的間違い」——つまり言葉遣い、マナー、家具や調度品、生活習慣などにおける「ロウアー・クラス」的なもの——を見つけ、さらに同じような間違いを含んだ連をもう一つ付け加える、といったものだった。

ノーマン、魚用のナイフを取り寄せて、
料理係がちょっと元気がないから
いけない子供たちね、ナプキンをしわくちゃにしちゃって
ぜんぶきちんとしておきたいのに

お手洗いに必要なものはそろっていて？
カツレツのまわりのフリルは後でいいわ
メードが薬味入れのびんをいっぱいにして
暖炉の薪のスイッチを入れてからで。

居間は空気が悪いわねえ、

でもポーチはお茶にちょうどいいわ、
ハワードは乗馬にいったから
　私とお茶を飲みましょう。

ペーストリー用のフォークをどうぞ
このイスに足を乗せてちょうだい
そうだわ、お聞きしたかったんだけれど
デザートはトライフルでいい？

ミルクを入れて、お茶の濃さはこれでいい？
ジャムには種が入っちゃってるわ
ごめんなさいドイリーをよごしちゃって
　茶菓子とスコーンの屑で

Phone for the fish-knives, Norman,
　As Cook is a little unnerved;
You kiddies have crumpled the serviettes

And I must have things daintily served.

Are the requisites all in the toilet?
　The frills round the cutlets can wait
Till the girl has replenished the cruets
　And switched on the logs in the grate.

It's ever so close in the lounge, dear,
　But the vestibule's comfy for tea,
And Howard is out riding on horseback
　So do come and take some with me.

Now here is a fork for your pastries
　And do use the couch for your feet;
I know what I wanted to ask you——
　Is trifle sufficient for sweet?

Milk and then just as it comes, dear?
I'm afraid the preserve's full of stones;
Beg pardon, I'm soiling the doilies
With afternoon tea-cakes and scones.

拙い訳で恐縮だが原文ではナプキンをtable napkinではなくserviette、トイレをlavatoryではなくてtoilet、居間をlounge、乗馬をridingではなくてわざわざriding on horseback、デザートをsweet、ジャムをpreserveと呼んでおり、これらはすべてアッパー・クラスではないことの証しである。階級の違いが現れるのはものの呼び名においてだけではない。「魚用のナイフ」、カツレツの足にかざる紙のかざり、塩や胡椒などの調味料を一か所にまとめる調味料入れ（cruets）、本物の薪は高すぎるので薪の形をした電気ストーブを暖炉に据えること、紅茶を注ぐ前に、ミルクを先に入れること、レースのテーブル・マット（ドイリー doilies）を使うこと——これらはすべて非アッパー・クラス、さらにはどれだけ非アッパー・ミドル・クラスであるかを示す指標なのである。ベッチマンは、自分のアッパー・クラスの友人たちの言葉遣いを参考にし、さらに実際に自分が使っていた言葉で、「アッパー・クラスではない」ととがめられた言葉を使ってこの詩を書いたそうである。

「アッパー・クラス」言語および「非アッパー・クラス」言語は俗に"U"および"non-U"

と呼ばれている。この用語は言語学者アラン・ロスが、英国の階級とその言葉遣いを論じた一九五四年の論文「現代英語における言語的階級指標」で最初に使われ、その後、ベッチマンのアッパー・クラスの友人、小説家のナンシー・ミットフォードが一九五五年に書いたエッセー「イギリスの上流階級」で広く知られるようになり、ちょっとした“U”“non-U”論争を巻き起こした。たとえばミットフォードによると次のような分け方ができる。

U	non-U	
bike	cycle	自転車
vegetables	greens	(付け合わせの) 野菜
house	home	家
mad	mental	頭のおかしい
lavatory paper	toilet paper	トイレットペーパー
rich	wealthy	裕福な
spectacles	glasses	眼鏡

ここまでくるとほとんど冗談のようなものであるし、こういった細かい区分はさらに時代とともに変わっていく。しかしここで重要なのは、そもそもはアッパー・クラスが自らをミ

ドル・クラスから区別しようとして揶揄したアッパー・ミドル・クラス的習慣が、ロウアー・ミドル・クラスによって模倣された結果、このような「ミドル・クラス」的習慣や言葉が主に「ロウアー・ミドル・クラス的」とあげつらわれるようになったことである。アッパー・ミドル・クラスがじっさい、こういった習慣を実行しているかどうかは、この際関係がない。たとえば私の母校の私立の女子寄宿学校では魚用のナイフが使われ、紅茶にはミルクを先に入れ、前掲の詩には出てこないが、やはり社交的に問題があるとされるナプキンリングが使われていた。しかしこの学校は自他ともに認める、「お嬢さん学校」である。つまりアッパー・ミドル・クラスがこのような「ミドル・クラス」的なことをしていても問題はないが、それをロウアー・ミドル・クラスが模倣したとたん、たんに模倣する側だけでなく、彼らが模倣した言葉遣いや習慣そのものが揶揄の対象となってしまうのである。

シチュエーション・コメディ

このような、ミドル・クラスの中の細かい階級の違いを材料にした小説や喜劇は、戦後もなくなるどころか、いわゆる「ミドル・クラス」の幅が広くなり、アッパー・ミドル、ロウアー・ミドルの境界線がぼやけるにつれて、かえって増えたくらいである。また、二十世紀になると、ロウアー・ミドル・クラスの上層の人々を示す「ミドル・ミドル・クラス」という表現も使われ始める。このような細かい、イギリス人にしかわからないような階級的なことがらを題材にしているから二十世紀後半のイギリスの小説は国際的に通用しないという批判もある。さらにこの種の題材は新しく普及した媒体、テレビドラマに使われるようになった。一九七〇年代から特にその数が増え、人気を博した「シチュエーション・コメディ」（略してシットコム（sitcom））というジャンルである。

これは主にサバービアに住む、中年の、ミドル・クラスの夫婦とその隣人や家族をめぐってのさまざまな喜劇的なエピソードを、三〇分ほどにまとめ、週一度放映する、というかたちをとった。ミドル・クラスといっても中身がさまざまであることがもちろん喜劇的状況を生み出す。たとえば「ジョージとミルドレッド」というシットコムでは、表題の二人はワーキング・クラスの夫婦であり、羽振りがよくなってミドル・クラス向きの郊外に引っ越してくるが、そのアクセント、生活習慣（ジョージが家のまわりを下着姿でうろうろしたりする）が、ロウアー・ミドル・クラスのリスペクタブルな隣人の顰蹙をかう、という設定である。あるいは「キーピング・アップ・アピアレンシス（体面を保つ）」というシットコムでは、主人公のハイアシンス・バケットはこぎれいな郊外の家に、ロウアー・ミドル・クラスの夫と暮らしているが、上昇志向が強く、アッパー・クラス風のアクセントで話し、バケットという名字も、勝手に「ブーケ」とフランス風（？）に発音し、ワーキング・クラスの自分の家族とはなるべくかかわりを持たないようにする。ただし、裕福な会計士と結婚した姉だけは別で、彼女についてはつねに人に自慢し、なにかと話題に出すのである。

こういったテレビのシットコムは、十九世紀から二十世紀にかけてその数が大幅に増えた、ロウアー・ミドル・クラス対象の大衆向け読み物と似た性質を持っている。典型的な郊外に住む「典型的」(といってもその「典型」には多数の種類があるのだが)な夫婦の生活を滑稽に、しかし決して攻撃的ではなく描いていく。じっさい、サバーバン・シットコムの全盛期、七〇年代から八〇年代にかけても、テレビを所有しないことを誇りにするアッパー・ミドル・クラスは少なくなかったし、彼らの多くは、たとえテレビを持っていても、シットコムなどは見ない。早めの夕食の後、居間のカーテンをひいて、部屋の電気を消して、ならんでソファに座ってテレビを見て楽しむのがまさにサバーバン・シットコムの主人公のサバービアの夫婦たちなのである。おのれの姿を見て笑う、というイギリス人得意の自嘲的笑いに、自分たちはあそこまでひどくない、あそこまでのスノッブではない、あるいはあのレベルよりは少し上だ、などといった自己満足的な笑いもまざる。決して脅威とはならない、平穏な自己風刺の気分にひたることができるこの喜劇ジャンルは、ヴィクトリア朝のアッパー・ミドル・クラスの観客を喜ばせた喜劇、あるいは十九世紀から二十世紀のロウアー・ミドル・クラスの読者を喜ばせた「ロウアー・ミドル・クラスもの」の娯楽小説と同じ機能を果たしているのである。

ロウアー・ミドル・クラスのヒーローたち

このようにつねに喜劇の題材にされ、揶揄や嘲笑の対象にされてきたロウアー・ミドル・クラスだが、彼らの中にも二十世紀のイギリスの文化を語る際に無視できない、ヒーローとヒロインがいる。一人は日本でもおなじみのメアリー・ポピンズ、そしてもう一人は、日本ではそれほど知名度は高くないかもしれないが、イギリスおよびアメリカで今でも大きな人気を得ている「完璧な従者」ジーヴスである。

この二人はいずれも特殊な立場にいる。彼らは「使用人」である。したがって、出身はワーキング・クラスかロウアー・ミドル・クラスであるわけだが、使用人の中でもランクづけがある。一八九四年に出版された『使用人の仕事』というハンドブックによると、執事(house steward または butler)、ハウスキーパー、料理人、従者(valet)、小間使い(lady's maid)、そして乳母(nurse)を upper servants と呼び、彼らは食事もほかの使用人とは別に、house steward あるいはハウスキーパーの部屋でとる。彼らにはかなりの責任と権限が与えられている。執事とハウスキーパーは家のマネージメントと他の使用人の監督を任されているし、料理人は食事のメニューを決め、材料の選択も任されている。従者と小間使いはそれぞれ、主人や女主人のもっとも近いところにいる存在で、話し相手や相談相手を務めることさえある。そして乳母はもちろん、主人の子供たちを、彼らが学校に行く年齢になるか、家庭教師がつけられる年齢になるまでの、もっとも大事な時期に育て、しつけるという、きわめて重要な任務を担うのである。これらの upper servants はいずれも、自分たちの出身階級と、彼らが果たさなければならない任務とのギャップがきわめて大きいという特徴があるのだが、なかでも乳母という職業はもっともそのギャップが大きいと言えるかもしれない。彼らは自分たちが世話を任されているアッパー・ミドル・クラスあるいはアッパー・クラスの少年や少女に、将来紳士淑女になるための最初のしつけをし、言葉を話すことを教えなければならない。ところが彼ら自身は、別の階級の出身であり、話し方、マナー、生活すべてがまったく違うのである。『使用人の仕事』の著者は、この矛盾から生じるトラブルについて警告している。

その地位に必要な要素がすべて備わっている乳母を見つけることはきわめて難しいことである。よいところがあっても、性格に深刻な欠陥があるために帳消しになってしまうことがあまりにも多い。乳母の性格における道徳的な点は申し分なく、その仕事の知識も完璧であったとしても、たとえば子供に対して過度に衝動的なふるまいをするなどといった欠点によって相殺されてしまうことがしばしばである。こういった衝動的なふるまいはおそらく、自制心の欠如からくるのであって、これは彼らが所属する階級の特徴なのである！

乳母の「所属する階級」において特に問題になるのは話し方である。

乳母の言葉遣いもまた、彼女が世話をしている子供たちに大きな影響を与える。もし彼女が教養のない女性であれば、話す言葉のほとんどを間違って発音するか、使い方を間違えるだろうし、子供たちはその幼さのゆえ、すぐに彼女の言葉の癖を身につけてしまうため、それを後で修正するのは厄介なことである。なかにはHの音をまったく無視するか、あるいは逆に好みすぎるものもいて、彼女が“Master 'Enery's beautiful blue heyes”(「エンリー坊っちゃまのきれいな青い目」)の話をするのを聞いて、雇い主の家族は面白がるかもしれないが、ヘンリー坊っちゃま自身が、“'urt [his] 'ead”(頭が痛い)とか“pinched [his] 'and”(手をはさんだ)などと、お母様のお客様に言った場合は、面白がるどころではなくなるだろう。

このように乳母をはじめとするupper servantsは、雇い主およびその家族にもっとも近い位置にいるということで、分をわきまえながらも、言葉遣い、礼儀作法、立居振舞などが、少なくとも雇い主の前では、きわめてリスペクタブルでなければならないという、まさにロウアー・ミドル・クラスの事務員《クラーク》が直面したのと同じジレンマにあった。バーナード・ショーの『ピグメイリオン』で、音声学者ヘンリー・ヒギンズは、コックニーの花売り娘イライザに関して「三か月あればこの娘を、大使館の園遊会で公爵夫人としてとおしてみせる。いや、それればかりでなく、もっときれいな英語が要求される小間使いか高級店員の職にだってつけるようにしてやるさ」とうそぶくほど、これらの、アッパー・クラスに接する職業につく人々は、雇い主や客の耳障りにならないように、言葉について、細心の注意を払わなければならなかったのである。『使用人の仕事』は乳母に関して、さらに次のような警告を発している。

乳母によって教えられた下品な言葉遣いは、つねに注意を払っていれば、家庭教師か母親が直すことができる。しかし強いなまりは、一度身につけてしまったらその子供につきまとうものであり、後でどんなに教育しても、耳障りな癖は残ってしまうのである。

しかしここで忘れてならないのは、このハンドブックが、ミドル・クラスが経済的に豊かになっており、ロウアー・ミドル・クラスの家庭にも使用人が少なくとも一人はいた、一八九四年に出版されていることである。このハンドブックの最初のページには「これは雇い主と使用人の両方のために書かれたものである。使用人は自分が正確にどんな仕事をすべきなのかを学ぶことだろう」と書かれている。これはつまり使用人に自分たちの義務と権利を教えるだけでなく、使用人を使いこなすことに慣れていない雇い主に対しても、使用人になにをどこまで要求してよいのかを教えるマニュアルの役目を果たしていたのである。そしてこのようなマニュアルが必要であったということは、この時代に多く書かれていた「紳士の礼儀」「淑女の礼儀」等のマニュアル同様、経済的に裕福になり、あらたにアッパー・クラスやアッパー・ミドル・クラスの仲間入りをした、あるいはしようとして、そのようなガイダンスを必要としている人々の増加を物語っている。であるから、正真正銘のアッパー・クラスで経験を積んだ使用人の場合、自分の出身階級とそう違わない新興成金の雇い主よりもよほど「正しい」礼儀作法や言葉遣いを知っていて、雇い主を見下す場合も少なくなかった。

一九三四年に出版されたP・L・トラヴァースの『風にのってきたメアリー・ポピンズ』の主人公はそのような「優れた」乳母である。

「第三木曜日の二時から五時までよ」とバンクス夫人は言いました。

メアリー・ポピンズは険しい目つきでバンクス夫人を見つめました。「上流階級では第二木曜の一時から六時になっています、奥様。そうしていただかないと……」メアリー・ポピンズは口をつぐみましたが、バンクス夫人はそれがどういうことかわかっていました。言うとおりにしなければ、メアリー・ポピンズはやめてしまうということでした。

メアリー・ポピンズはバンクス家にはじめて到着したときから尊大な態度で、推薦状のよ

ボーイフレンドのバートとともに、バートが舗道に描いた絵の中でお茶を飲むメアリー・ポピンズ。挿絵はメアリー・シェパード。

うな「古くさい」ものは持っていないとことわり、まるでそれがバンクス一家にとって「たいへんな名誉である」ような口調で、バンクス家に勤めることを宣言する。話がそれだけだったら、これは、アッパー・ミドル・クラスの、体面を気にする銀行員の家庭に、アッパー・クラスの家に勤めたことがあることを誇りにしているロウアー・ミドル・クラスの使用人が雇われ、ミドル・クラス同士の見栄のはりあいと、階級に対するこだわりといった、おなじみのミドル・クラス揶揄のシチュエーション・コメディとなるところだが、メアリー・ポピンズの場合は少し事情が違う。それはもちろん彼女が普通の人間とは違う、どこか「魔法」の要素があるからなのだが、それがなければ、彼女は、ミドル・クラスの家に勤める「乳母《ナニー》」のステレオタイプそのものなのである。休日にはボーイフレンドとデート。しかもそのボーイフレンドはマッチ売り兼「舗道絵描き」という、ワーキング・クラスの男性である。さらに、メアリー・ポピンズの言葉遣いは、この恋人バートといるときは、それまでの切り口上的な標準英語とは違って、ロウアー・クラス的なものとなるのである。

しかし彼女はたんに型にはまった、ロウアー・ミドル・クラス出身の使用人とは違う。最初は風に乗ってやってきて、到着したとたんに次々と、子供たちを魅了し、不思議なことをやってのける。バートとの休日のデートも、彼らの階級に典型的な、豪勢なお茶という決まったパターンではあるが、それは、バートが舗道に描いた絵の中に入り込んで味わうものである。『不思議の国のアリス』や『ピーター・パン』『クマのプーさん』などに見られるイギリスの児童文学の伝統——現実世界における、ミドル・クラス的なステレオタイプや「典型的」な人物を、非現実的なコンテクストに置き換える——がここでは、かつては主に揶揄やカリカチュアの対象であったロウアー・ミドル・クラス、児童文学においては無視されるか敵視される「乳母」という地位の人物にあてはめられているのである。

一方、従僕が主人のためにひと肌脱いで大活躍する、という図式は決して新しいものではないし、イギリスに限ったことでもない。演劇やオペラの世界でも、独身の主人と忠実な従僕が組んでなにかたくらみ、成功させるという筋書はめずらしくない。しかしP・G・ウッドハウスの「ジーヴス」のシリーズの人気は、ジーヴスが使用人でありながら、雇い主のアッパー・クラスの青年ウースターよりもはるかに知識と教養があり、英語を正確に話し、「正しい」礼儀作法に精通していることのおかしさにある。先ほど述べたように、このことはアッパー・サーヴァントにはめずらしいことではないのであるが、アッパー・クラスのウースターがあまりにも無知で、語彙が少なく（「ジーヴス」もののほとんどは、このウースターが書いたという、一人称の物語のかたちをとっている)、頭の悪いところが、アッパー・クラスであるからこそ教育とか正しい話し方に拘泥しない、というステレオタイプに即しているだけに、二人のコントラストが喜劇的な効果をあげているのである。ジーヴスは自分でも認めるように、ロウアー・ミドル・クラスの出身であるが、アッパー・クラスの紳士のアッパー・サーヴァントとして、階級をとうに超越している。『使用人の仕事』によると、独身の紳士つきの従僕の仕事は次のようなものである。

主人の洋服にブラシをかけること、乗馬靴、狩猟靴、散歩靴と正装用の靴を磨くこと、主人の風呂の水をくむこと、主人が着る洋服を出しておくこと、必要ならば主人の髭を剃ること、主人の着替えを手伝うこと、旅行の際は主人の服を鞄から出し入れすること、ディナー用の服を用意すること、主人のドレッシング・ルームにお湯を持って行くこと。

狩猟にでかけたら、主人の鉄砲の玉を詰めること、ディナーでは主人の椅子の後ろに立ち、主人と主人がエスコートする女性の給仕をすること。家では主人の朝食の給仕をし、家で食事をとるときには昼食と夕食の給仕もする。主人の洋服に目をくばり、すべてのものが完璧な状態にあるようにする。主人が年配の紳士である場合、従僕はこれらの仕事のほかに、主人の健康状態によって要求される仕事——夜のつきそい、日中の看病、そして必要ならば同じ部屋で寝ること――もこなさなければならない。

この仕事のリストを見ると、使用人というよりも、まるで献身的な配偶者のようだ。じっさい、「ジーヴス」のシリーズでは、ウースターは何度か結婚を考えるが、ジーヴスを手放さなければならないことに気づき（既婚の男性はふつうは従僕を雇わない）、思いとどまるのである。一九一九年から次々と刊行されたウッドハウスの「ジーヴス」シリーズはいわゆる娯楽小説であり、前述のジェロームやグロウスミスなどよりは時代は少し新しいものの、同じような読者層をターゲットにしていた。ウッドハウス自身は公務員の息子で、事務員《クラーク》として勤めたこともあり、いわばミドル・ミドル・クラスの出身である。そして彼の読者にとってジーヴスは、背伸びして上の階級に所属しようとすることはせずに、その職業ゆえにきわめて自然に、上の階級の人間と対等、あるいは優位にたって接することができる、階級を超越した、ロウアー・ミドル・クラスのヒーローなのである。

アッパー・サーヴァントといえば、一九八九年に、日本生まれのイギリス人作家カズオ・イシグロが、執事を語り手にした作品『日の名残り』を発表している。イギリスの貴族の家に勤める執事スティーヴンズは経験を積んだ完璧な執事であり、主人から絶大の信頼を得ている。彼はその優れた勤めぶりの報酬として、しばらくドライヴ旅行に行ってこいと言われ、でかけていくのであるが、勤務中の言葉遣いや立居振舞が身についてしまったスティーヴンズは、地元の人々にすっかり紳士と思われ、こちらもその気になってそのようにふるまっていると、本物の紳士（地元の医者）が現れて、どぎまぎする。

「騙そうなんて思ってはいなかったんです。それなのに……」

「わかっているよ。無理もないことだ。君はなかなか堂々としているからね、この辺の連中だったら、君のことを公爵かなにかだと思うだろうよ」

イシグロ自身は「執事という人物には会ったことがない」と言っており、スティーヴンズという人物も、その語り口も当然ジーヴスからヒントを得た、と語っている。つまり彼はあえてステレオタイプを使用することによって、一人の個人というよりも、ある立場にいる人間、つまりスティーヴンズの場合なら紳士でありながら紳士でない（ジーヴスは従僕という自分の職業をあらわすのに「紳士につく紳士」（gentleman's gentleman）という表現を使っている）、どの階級に所属するのかはっきりしない人間の苦悩を表現しているのである。これは、国籍はイギリス人 British でありながら、決して English という人種にはなれない、著者自身の立場の表象なのかもしれない。

こうして、ヴィクトリア朝後期から揶揄の対象となり、上に上がろうとしても下に下がってしまっても非難の的となる哀れなロウアー・ミドル・クラスは、「アッパー・クラスの使用人」というかたちでようやく、アッパー・ミドル・クラスの鼻をあかし、「成り上がる」ことなしに、アッパー・クラスの人々とある意味では対等に接するという快挙をなしとげるのである。

第八章　クール・ブリタニア――「階級のない社会」？

自分たちをワーキング・クラスとみなしているか、自分たちの両親よりもはるかに大きな野心を抱いているミドル・クラスの人々……

（トニー・ブレア）

前の章で、ロウアー・ミドル・クラスのヒーローとヒロインに触れたが、実社会でロウアー・ミドル・クラス出身のまぎれもないヒロインがいる。マーガレット・サッチャーである。食料品屋の娘として生まれた彼女はオックスフォード大学に入り、そこでロウアー・ミドル・クラスのアクセントを捨てるためにスピーチ・トレーニングを受ける。そして弁護士の資格をとり、ビジネスマンと結婚してアッパー・ミドル・クラスに入る。それまでアッパー・クラス党首たちが率いてきた保守党に、このようにロウアー・ミドル・クラス出身の党首が出てきたのは一九六〇年代半ばからで、サッチャーは the grocer's daughter（食料品屋の娘）と揶揄されることがあったし、風刺雑誌『プライヴェート・アイ』は、一九七〇年から七四年まで首相を務めた、保守党のエドワード・ヒースに the grocer（食料品屋）というあだ名をつけた（ただしこれは食料品の値段をめぐる、ヒースの政策からきたニックネームであり、じっさいは彼の父親は大工だった）。サッチャーの後任者となったジョン・メイジャーは、イギリスのあるコメディ・ショーで、「昔はワーキング・クラスだったけどその後ミドル・クラスになった」とコメントされており、保守党の党首はロウアー・ミドル・クラス出身者が続いた。

「階級のない社会《クラスレス・ソサイエティ》」というキーワードはそもそもサッチャーが「階級が大きな意味を持たない社会」という意味で使ったものだが、メイジャーはそれを自分のキャッチフレーズにして、文字どおり「階級」の存在しない社会を理想として掲げた。「階級」のない社会というのは、要するに、すべての人がミドル・クラスに属する社会のことだ。一九七〇年代以降、保守党の支持者の中心は俗にミドル・イングランドと呼ばれる、イギリスのミドル・クラスおよびアッパー・ワーキング・クラスの有権者である。サッチャーは自分の力で教育を受け、よい仕事につき、経済的に成功した上昇志向のミドル・クラスおよびワーキング・クラスの味方であり、彼らの支持を得た。それは結局は勤勉に努力して自分で成功するという、スマイルズの「自助」の精神であり、ミドル・クラスの福音主義的な倫理だった。

ロンドンには今でも「紳士用の社交クラブ」というものがあり、その多くはセント・ジェイムジス・ストリートという通りに集まっている。堂々とした古めかしい建物が並ぶ通りで、どの建物にも、お仕着せを着た玄関番が立っている。一九九二年の選挙の年の三月に私は、その中の一つ、ロイヤル・オートモビル・クラブに、父の友人に招待されて出かけて行った。この種のクラブは十八世紀から、アッパー・クラスの紳士たちがロンドンで友人に会ったり、仕事をしたり、たんに時間をつぶすためにできた社交場である。会員になるには、他の会員からの推薦と、全会員の承認が必要で、女性は会員になることはおろか、戦前までは、中に入ることもできなかった。食堂、図書室、喫煙室、応接間、宿泊施設などの整った高級ホテルのような施設で、二十世紀初頭までは、アッパー・クラスの紳士たちが、朝家を出てから、一日中クラブでぶらぶらしていることも少なくなかった。現在では成功したビジネスマンが会員の大部分を占めていて、そんな悠長な雰囲気ではなくなっているようだが、それでも昔からの贅沢な、高級で排他的な雰囲気はじゅうぶん残っている。

ロイヤル・オートモビル・クラブのダイニング・ルームも感じのよい高級レストランのような雰囲気で、きわめて快適な場所だった。客の私たちはしきりにそのクラブを称賛したが、連れてきてくれた父の友人は感慨ぶかげにまわりを見回し、もし今度の選挙で保守党が敗れて労働党の勝利になれば、このような場所もやっていけなくなるだろうと、悲しげにつぶやいた。彼はオックスフォード大学出身の銀行家、それもマーチャント・バンカーと呼ばれる、主に企業相手の金融業務を行なう銀行家という、当時もっとも羽振りのよい種類のビジネスマンだった。連日テレビで放映される選挙の予測では、労働党が勝つだろうと言われており、じっさい多くの人はそうなると信じていた。それまで、大学関係者のサッチャリズム批判ばかり聞いていたので、このマーチャント・バンカーのつぶやきを聞いたときには、ああそうか、保守党にはこういうところに支持者がいたのだなどという素朴な感慨にひたったのだが、結局その年の選挙では再び保守党が勝ち、労働党の勝利は、その次の選挙まで待たなければならなかった。

トニー・ブレアのひきいる新しい労働党、ニュー・レイバー政権のもとで、セント・ジェイムジス・ストリートのクラブはその後も無事であり続けた。一九九九年の一月にブレアは、労働党がミドル・クラスの支持を期待していることを宣言した。イギリスのアッパー・ミドル・クラス系の週刊誌『スペクテイター』はブレアがユニークなのは、労働党ではじめてのミドル・クラス出身の党首であるばかりでなく、「ミドル・クラスを良い勢力だと信じている」からだと書いた（Sion Simon, "The Prime Minister Most in the Middle", *The Spectator*, 23 January 1999）。この章の冒頭で一部を引用したが、ブレアはそのスピーチの中で、「ミドル・クラスになろうとしている人々」に呼びかけている。これらの人々は、それまでは「労働党」という名前と、自分たちの両親や祖父母の所属したワーキング・クラスのイメージの結びつきを嫌っていた人々である。同じミドル・クラスでもアッパー・ミドル・クラスとははっきりと区別されるが、それでもワーキング・クラスと一緒にされるのはたまらない――彼らの主張が公の場で声に出されることが少ないため、「サイレント・マジヨリティ」と呼ばれることもある。保守党の支持者、「ミドル・イングランド」の人々を特にブレアは新しい労働党に呼び寄せようとしたのである。サッチャー、メイジャーと同じく、ブレアもまた「階級のない社会」＝「ミドル・クラスの社会」という将来図を描いていた。

「典型的」なミドル・クラス

しかし、このミドル・クラスとは現在、どのような存在であるのか。本書で何度も繰り返しているように、同じミドル・クラスでもアッパー・ミドルとロウアー・ミドルとの間には歴然とした違いがあるのに、その両方を「ミドル・クラス」という名称でまとめてしまうことに、イギリスの階級制度のわかりにくさと複雑さが現れている。一九九三年のイギリスの短篇コメディ映画『クラス・アクト』の中に、乗客の席を彼らの所属する階級によって決めるという航空会社のギャグがあるが、その中で「アッパー・ロウアー・ミドル・クラス」に座らされた中年の夫婦が、自宅の写真を見せ、夫はナショナル・ウェストミンスター銀行に勤めているので、自分たちは少なくとも「ロウアー・アッパー・ミドル・クラス」のはずだと、パーサーに抗議する。ロウアー・ミドル・クラスのパーサーは「これだからミドル・クラスはいやになっちゃうわ」とため息をつくという場面がある。これはあながち冗談でもなく、ミドル・クラスの人々にとっては、自分がその中のどの辺の地位にいるか、隣の人と比べてどうか、子供たちはどうなるかということが、ここまで細かい区分ではないとしても、つねに意識されているのである。しかも、ミドル・クラスの中のこのような差異をじっさいに口に出して認めるのはどこかタブー視されているところがある。そうすることによってスノッブと思われたり、階級意識過剰だと思われたりするのを避けるためだが、はっきりと口に出さないからこそかえって始末が悪くなる。

ほんの一世代で、上にも下にも行けるというのが、ミドル・クラスを複雑にし、曖昧にしている理由であり、じっさい、ワーキング・クラスからロウアー・ミドルへと変わり、現在はロウアー・ミドル・クラスより少し上、つまりミドル・ミドルで落ち着いているといった人々が、現在のいわゆる「典型的」なミドル・クラス、つまりは「典型的なイギリス人」のイメージだろう。

彼らは郊外のマイホームに暮らし、夫は毎日電車で通勤する。第一次世界大戦時には一時中断された郊外の宅地開発は戦後、特に一九三〇年代に再び盛んになった。これらの新しい住宅地はル・コルビュジエをはじめとする、モダニズムの建築家たちから、醜悪な建築物として激しい非難を浴び、「サバービア」に対する嘲笑、罵倒は勢いを増す一方だったが、それも「サバーバン・スプロール」を止めることはできなかった。都心の喧騒から逃れ、健康な環境（郊外が健康によいことは不動産業者がしきりに強調する要素だった）、そして小さいながらも自分の庭という、rus in urbe（町における田園）の生活を手に入れたサバーバ

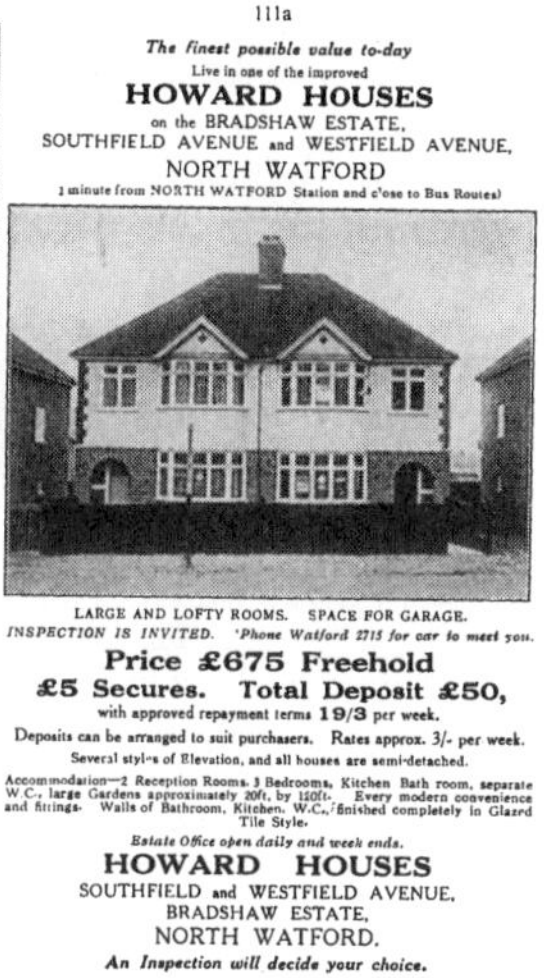

郊外の典型的なセミ・ディタッチド住宅の広告。1933年。

ンたちは、庭いじりにも精を出す。植えこみの手入れをし、門から玄関までは、わざとふぞろいの石をはめこみ、小人や妖精、リスなどの置物を庭に据え付ける。「サバービアの悪趣味」の象徴にもなっている小人の置物だが、その人気は衰えることもないようだ。一九九七年のイギリス映画『フル・モンティ』では、失業した工場監督の庭の小人の置物が、もとの部下によってこわされるが、これは、その人物がそれまでしがみついていた「リスペクタビリティ」をようやく捨てることを象徴している。そして彼は、昔の部下たちとともに、生活のために男性ストリップ・ショーに出演するのである。

したがって、サバービアでの生活は烙印《スティグマ》であると同時に、リスペクタビリティ志向と上昇志向によってやっと現在の地位を手に入れたロウアー・ミドル・クラスの自己満足の場でもあり、また、戦後、急速に変わっていくイギリスの社会において、もっとも不安定な立場にいる彼らが、自分たちのアイデンティティを確認できる場所《トポス》でもあったのだ。

サバービアは精神の状態である。それは想像力と欲望、家庭を維持しようと苦闘する人々の日常生活、そしてブルジョア的価値観を欲し、守ろうとする勇気（あるいは狂気）をいまだに持つ人々の言葉の中に建設されている。

（ロジャー・シルヴァーストーン編『サバービアのヴィジョン』）

このリスペクタビリティの象徴的世界が、アッパー・クラスだけでなく、反体制の若者やイギリス社会のアウトサイダーたちからも嘲笑の的となったのも不思議はない。たとえば一九七〇年代のパンク・ロックのバンド、「スージー・アンド・ザ・バンシーズ」の「スージー」ことスーザン・ジャネット・バリオンは自分自身、サバービアに暮らすロウアー・ミドル・クラスの出身だったが、セックス・ピストルズなどのパンク・ロッカーたちが出入りしていたクラブについて、こう語っている。

はみだし者たちのクラブだった。宿なし、ゲイの男、ゲイの女、バイセクシュアル、ノンセクシュアル、なんでもありだった。性的嗜好についてとやかく言われることなんてなかった。あたしたちがたった一つ軽蔑したものはサバービアだった。

（ジョン・サヴェッジ『イングランドは夢を見ている』）

リスペクタビリティに拘泥する人々自身がリスペクタビリティに対して感じる嫌悪と倦怠が新しいものではないのは、H・G・ウェルズの例を見てもわかるが、一九七〇年代にはすでにそれが、特殊な感性を持った人々の例外的な感情ではなくなっていた。イギリスのパンク・ロックの歴史を描いたジョン・サヴェッジの『イングランドは夢を見ている』は、一九七〇年代半ばのロンドンの郊外の駅のそばの壁に書かれた落書きを紹介している。

まいにちまいにちおなじこと――ちかてつ――しごと――ゆーしょく――しごと――ちかてつ――ひじかけいす――ちかてつ――しごと――いつまでがまんできる――ごにんにひとりはいかれちまう

そしてまさにこの落書きをもとにしたかのようなコメディ・ドラマが、一九七六年の九月から十月にかけてイギリスのBBCで、「レジナルド・ペリンの没落と繁栄」（*The Fall and Rise of Reginald Perrin*）という題名で放映された。舞台はロンドンの郊外である。第一話は、こぎれいな庭のついたこぎれいな家で、中年の夫婦が朝食をとっている場面から始まる。男の方は黒っぽい三つ揃いのスーツに身をつつみ、胸のポケットからは白いハンカチがのぞいている。朝食が終わり、男の出勤の時間になる。玄関で妻は夫に傘とブリーフケースを渡して「いってらっしゃい」とキスをする。男は家を出て、男が住んでいるのと似たような家の並ぶ、似たようなこざっぱりとした通りを次々と通りすぎて、駅に向かう。通りの名前は「コルリッジ・クローズ」「テニソン・アヴェニュー」「ワーズワース・ドライヴ」と、文学者の名を冠したものばかりである。そうしていかにも郊外の駅といった風情の建物に到着する。駅名も、典型的なロンドン郊外の「サービトン」をもじって「ノービトン」となっている（ただしノービトンという地名も実在する）。次の場面は電車の中。四人ずつ向きあって座るタイプの旧式の車両には、男と同じようなスーツを着たビジネスマン風の男たちが新聞を読み、クロスワード・パズルを解いている。第一話はこの、レジナルド・ペリンの生活を紹介して終わる。彼の生活は毎日ほとんど変わることがない。週末は庭いじりをしたり、結婚した娘の家族と動物園に行ったりする。

典型的なイギリスのミドル・ミドル・クラスの平和な生活が展開されるが、ある日を境に次々と異変が起こる。最初は小さなことから始まる。ペリンが無意識に、妻の母親のことを

「カバ」と言ってしまったり、長年勤めている地味な女性秘書について、あらぬ妄想を抱いてしまったりする。しかしこのような小さな変化がだんだんと大きくなり、ペリンは妻の留守中に秘書を家に連れ込んで、じっさいに肉体関係を持ってしまう。ここまでは、どの国にもありがちな、ミドル・クラスの何不自由なく暮らす中年の男の「中年の危機」といったものので、めずらしくもなんともないが、話はここで終わらない。この郊外の単調な生活にあきあきしたペリンは、入水自殺をしたようにみせかけて、姿をくらます。そしてわざと言葉をなまらせて、入れ歯をつけてワーキング・クラスのふりをして（ワーキング・クラスの人間は歯医者にかかることがないので歯並びが悪い、ということになっている）下宿屋に住み込んだり、外国人のふりをしたり、あるいは貴族のふりまでしてみる。最後には変装して自分の家にそっと戻り、自分の葬式に参列するのである。デイヴィッド・ノッブスの同名の小説をもとにしたこのコメディは郊外のミドル・クラスのスノッブ性やリスペクタビリティをおもしろおかしく描いただけのそれまでのミドル・クラス・コメディとは違って、主人公が、自分のミドル・クラス性に反抗するという点で異色のものであった。ウェルズの『ポリー氏の物語』の現代版のようにも思える。しかし、レジナルド・ペリンはポリー氏とは違う。番組の最後では、変装したペリン（階級は、もとのミドル・クラスに戻っている）は、別人のふりをして、妻に近づき、再び恋に落ち、結婚する。そして結局は、自分が捨てようとしたもとの生活に、自分の意志で戻ることになる。いろいろな階級をさまよったあげく結局はもとのミドル・クラス＝リスペクタビリティの世界に戻ってきてしまうという、ミドル・クラスの哀しい「中年の危機」をきわめて皮肉に描いた作品となっている。

「ミスター・ビーン」

一九八〇年代になると、日本でも大きな人気を呼んだ、ミスター・ビーンが登場する。この映画版『ビーン』（一九九七年）のプロモーションのため来日したビーンを演じるコメディ役者ローワン・アトキンソンは記者会見で、ビーンをやはり「ミドル・ミドル・クラス」と説明している。つねにネクタイをしめ、流行とは無縁のジャケットとズボンを身につけ、オースティン・ミニを乗り回すミスター・ビーンは、ごくたまに発する言葉からも（台詞《せりふ》がほとんどないのが、このドラマ・シリーズの特徴の一つだが）じつに「標準的」なミドル・クラスの一員であることがわかる。このミドル・クラスのリスペクタブルな紳士が、次々と奇抜な行動をとり、まわりの人々の度肝を抜き、怒らせ、あきれさせる。これも一種の、リスペクタビリティへの反抗であるわけだが、ミスター・ビーンの場合は、奇抜な行動をとりながらも、つねにまわりの人間の様子をうかがい、その反応をためし、まわりの人間よりも一枚上手をいこうとする。これはつねに隣人の持ち物や生活様式を気にかけ、隣人とはりあおうとする、郊外のロウアー・ミドルおよびミドル・ミドル・クラスのステレオタイプのカリカチュアである。ローワン・アトキンソンは同じ記者会見の中で、ミスター・ビーンは、九歳の子供をイメージして作り上げたと語っているが、同じ子供でも彼は、たとえばチャップリンのような、「純真な子供の心を持った」キャラクターではなく、ミドル・クラスのいやらしい部分と、イギリスのミドル・クラスの男性の持つどこか子供っぽいところを誇張した、ミドル・クラスの自己パロディにもなっているのである。

「イートン・コックニー」

『スペクテイター』誌には読者からの相談のページがある。日常生活で生じるさまざまな問題、特に社交の場での疑問や困ったことなどについて読者が投書し、返事が載るという、欧米の新聞や雑誌に多い企画だ。イギリスの場合は当然、階級にかかわる相談が多い。最近では次のようなものがあった。

私たちの息子は一歳八か月で、今言葉をおぼえ始めたところです。私は仕事に出なければいけないので、日中は息子の世話は保母さんにまかせています。とてもいい人なのですが、'toilet'（トイレ）や'telly'（テレビ）といった言葉遣いをするのです。〔中略〕私の両親はこんな言葉を聞いたらショックを受けるでしょうし、ケンジントンに住む銀行家の兄夫婦の子供たちはきわめて上品な幼稚園に通っており、すでにイートン〔イギリスのアッパー・クラスの子弟用の、私立の全寮制の男子校〕やチェルテナム〔同種の女子校」の生徒のような話し方をしています。彼らになんて言われるかわかりません。

相談者は、アッパー・クラス用の乳母を雇う余裕がないので、保母を変える気はないが、息子がロウアー・クラスの言葉をおぼえてしまうのが心配だと、訴えている。それに対する返事は次のようなものだった。

あなたはかなり時代遅れですね。三十歳以下のアッパー・クラスの人たちは皆「イートン・コックニー」という言葉を話しているのをご存じないんですか？　彼らの間でこの言葉が大流行なんですよ。

アッパー・クラスの人々が、わざとワーキング・クラスの訛りで話すことがはやっているのだから、あなたの息子も、ワーキング・クラスの訛り（コックニー）を身につけることによって、かえってステイタスになりますよ、というわけである。ここでも、アッパー・クラスとワーキング・クラスがイギリス人にとって、いまだに魅了される存在であることがわかる。

こういった階級へのこだわりの、最近のもっとも顕著な例は、イギリス発の久々の国際的ベストセラー、J・K・ロウリングのハリー・ポッターのシリーズかもしれない。シリーズの第一作目、『ハリー・ポッターと賢者の石』（一九九七年）は、典型的な郊外の家から始まる。

　ダーズリーさんと奥さんはイボタノキ通り四番地に住んでいて、きわめてまともであることを誇りにしていた。

　ダーズリー氏はドリル製造会社の重役をしており、どこにでもあるような郊外の羽振りのよいミドル・ミドル・クラスの一員である。しかし彼らが、自分たちの息子とともに面倒を見ている甥のハリー・ポッターは「まとも」ではない。そもそもハリーの死んだ両親にはなにか秘密があったようで、ダーズリー夫人は、妹であるハリーの母親については、口にするのもいやがるほどだ。これは、たとえばBBCのシットコムの箇所でも触れたように、上昇志向のサバーバン・ミドル・クラスが、自分の出身階級や、まだそこに所属している家族を恥じる様子を思わせるものがある。
　ハリーの両親は、「ミドル・クラス的ではない」という意味ではたしかにダーズリー一家にとっては恥ずべき存在かもしれないが、実は魔法の世界においてはエリートであることが判明する。そして彼らの一人息子であるハリーはある日、両親が卒業した魔法の学校に入学を許可される。ここから物語が本格的に始まるわけだが、この話が、イギリスの全寮制の私立の寄宿学校、「パブリック・スクール」を舞台とした「学校もの」に基づいているのは明らかである。トマス・ヒューズの『トム・ブラウンの学校生活』（一八五七年）をはじめとして、寄宿学校を舞台にした少年少女向けの学校物語はイギリスに多いが、なかでも、もっとも広範囲の読者を得たのは、イーニッド・ブライトンの作品かもしれない。一九四〇年代に次々と書かれた、彼女の女子寄宿学校シリーズは特に少女たちに人気があった。ブライトンの作品は半世紀以上たった今でも子供たちに読まれているが、男女差別、階級意識、外国人に対するステレオタイプな表現など、現在では問題とされるような記述が多く、いわゆる「良書」として認められているわけではない。たとえば彼女の寄宿学校ものでは、新入生の中に必ず、下の階級出身で両親が急に金持ちになった、あるいは一所懸命貯金した結果、なんとかこの学校に入れた、という人物がいる。彼女は最初は自分の出身階級を隠そうとしてうそをついたり虚勢を張ったりするが、真実が明らかになると、他の生徒たちは「最初から正直に事情を話してくれれば問題なかったのに」となじりながらも、彼女を受け入れるという「美談」となるのである。

「シーラの両親は以前はとても貧しかったのよ」とウィニフレッドは言った。「お母さんはうちの庭師の娘だったし、お父さんは村で小さな店を持っていたの。それが大成功して、すごくお金が入ったので、あの一家はとても地位が上がったのよ。今では素晴らしい家を持っていて、数え切れないくらいの使用人と車があるわ。そしてシーラをもっとも良い学校に入れたの。娘をレディにしたかったのね」。

〔中略〕

「彼女がへんに気取っていて傲慢だったのは、自分が地味で平凡で、不安な人間なのを隠すためのカバーだったのよ」とウィニフレッドは言った。「そうしたら、とうとうジャネットがそのカバーをはずしちゃって、シーラがいつも隠そうとしていたもの——小さい頃におぼえたマナーや話し方——にみんなの注意を向けちゃったのね」。

「でもなんでシーラはそんなばかなふるまいをしたのかしら」パットは言った。「両親がお金をたくさん稼いだので、セント・クレア校に来られるようになってとても嬉しいって正直に言ってくれれば私たちは納得したし、その態度に好感を持ったと思うわ。なのにあんなに気取って、無理をして！　本当にひどかったのよ」。

「自分がまわりの人ほど頭が良くないとか、生まれがよくないと感じる人は劣等感を隠すためにそういうふるまいをすることが多いのよ」とウィニフレッドは大人っぽい調子でパットに言った。「そういう人をかわいそうに思って、助けてあげなければだめよ」。

（イーニッド・ブライトン『セント・クレア校の双子の新入生』）

ロウリングの作品は一九九〇年代に書かれているだけあって、このようなあからさまな階級への言及は見られないが、ハリーが学校で出会う生徒たちは、これまでの「学校もの」と基本的には同じ分類に分けられる。たとえばハリーの同級生たちを見てみると、由緒ある魔術師の家柄の出身で、同じような家柄の子弟以外は入学を許可されるべきでないと言い張るマルフォイはアッパー・クラスのいじめっこだし、ハリーの親友のロン・ウィーズリーは、同じく古い魔術師の家柄だが、あまり金持ちではないという「経済的に落ちぶれたアッパー・クラス」的存在である。同じく新入生の少女ハーマイオニは両親はふつうの歯医者であって魔術師の家柄ではないが、独学でがんばるという「向上心を持ったロウアー・ミドル・クラス」のタイプであり、しかもこのタイプがよく描かれるように、自分の勤勉さや独学で得た知識をひけらかし、自慢するので、最初はハリーやロンに嫌われる。一方、ハリーはエリートの息子でありながら、あるいはかえってそのために、最初は自分の実力にも気づかない、いたって謙虚な人物として「好ましく」描かれているのである。「アリス」「メアリー・ポピンズ」「クマのプーさん」「パディントン」などの人気作品の例にもれず、イギリス中の子供を夢中にさせたというハリー・ポッターにもこうしてイギリスの階級の姿が反映されており、しかも「自助」「勤勉」「向上心」といった、イギリスのミドル・クラス的要素が揶揄されている。

新しい階級——「スーパー・クラス」

　二十世紀末のイギリスにはもう一つ、一九六〇年代半ばから擡頭してきた、新しい階級が目立つようになった。コラムニストのアンドリュー・アドニスとスティーヴン・ポラードの共著『ア・クラス・アクト——イギリスの階級のない社会《クラスレス・ソサイエティ》という神話』はこれを「スーパー・クラス」と呼んでいる。ロンドンを拠点とした、主に金融、大手企業、そして法律関係のトップクラスの仕事につき、多い場合は年収四〇万ポンド以上（当時）を誇る人々である。事務弁護士や会計士など、知的職業の中では下に見られていたものでも、シティの大きな事務所のパートナークラスだと、年収一九万から二〇万ポンドも得られる可能性があった。彼らが同じ分野の同じレベルで働く配偶者を得た場合、その収入は二倍となるわけだが、それでなくても、別荘を持ち、使用人を雇い、世界を飛び回り、衣食住にたっぷりとお金を使うという、職業的にはミドル・クラスでありながら、昔のアッパー・クラスなみの華やかな生活をすることができたのだ。このクラスの人々の多くはパブリック・スクールを経由してオックスフォードやケンブリッジ大学卒業という、もともとアッパー・クラスおよびアッパー・ミドル・クラス出身者だが、ロウアー・ミドル・クラスあるいはワーキング・クラス出身でも、努力と才能次第でこのクラスに入ることができた。たとえば一九九五年のベアリングズ銀行倒産事件で、違法トレーディングによって銀行に巨大な損失を与えたニック・リーソンはワーキング・クラス出身だった。トレーダーという彼の地位そのものは、会長のピーター・ベアリングの言葉を借りると事務員《クラーク》なのだが、その収入は同じ事務員のプーター氏やレナード・バーストが想像するだけで目を回すようなものであった。

一九九〇年代に大ヒットしたBBCのコメディ・シリーズ『アブソリュートリー・ファビュラス』（通称『アブ・ファブ』）はまさにこのスーパー・クラスを描いたものである。ファッション業界に勤める主人公は、出身は典型的なミドル・ミドル・クラスで、同僚にはコックニーを話すワーキング・クラスから、アッパー・クラスまで、あらゆる階級がそろっている。二度離婚して今はシングル・マザーであり、酒、煙草、麻薬、朝帰り、カジュアル・セックスと、「リスペクタビリティ」とはほど遠い生活をしている。この「スーパー・クラス」はごく少数派ではあるが、ここに入れば、間違いなく出身階級を超えることができるように思える。しかしじっさいにはそう簡単にはいかない。『アブ・ファブ』に登場する人物たちは、最新のファッションを身につけ、豪華な家に住み、高級レストランに出入りし、たしかに外見からは見分けがつかないが、口をあけると、その話し方によって、出身階級がわかる。つまり今は「スーパー・クラス」に属していても、もともとどこから来たかが、きちんと視聴者にわかる仕組みになっているのである。たとえば主人公の同僚が仕事でニューヨークに行くが、彼女のコックニーのアクセントがアメリカ人には通じない、といったギャグが使われていたりする。

同じ頃に、イギリスのテレビで、ヨーロッパの高級車のコマーシャルを見た。「スーパー・クラス」の一員と思われる男性が映っている。高価そうなスーツと靴を身につけ、歩きながら携帯電話で忙しそうに話をし、立派な高層ビルに出入りし、いかにも「できるエグゼキュティヴ」という感じである。画面とともに、彼のモノローグが流れる。「俺は仕事ができる。がんばってここまで来て、成功を手に入れた。俺は容赦ない。なんでもはっきりさせる。好きなものは好きだし、嫌いなものは嫌いだ」といった内容だが、その口調からして「ロウアー・ミドル・クラス」出身であることが推測される。彼はその高級車を試乗するが、「気に入らないね」と言って、鍵を投げて返す。その後、画面には「私たちはこういう人には好まれません」というキャプションが現れるのである。

ロウアー・ミドル・クラスの名誉挽回

つねに確立《エスタブリッシュド》したミドル・クラスからの揶揄と嘲笑の的であり、あわれっぽくも滑稽なイメージがつきまとったロウアー・ミドル・クラス。「リスペクタビリティ」を追求すればそれを笑われ、得意の「自助」の精神を生かして成功して「リスペクタビリティ」から抜け出そうとしてもそれを笑われる。かくも特殊で、はっきりとしたイメージがまとわりつく存在でありながら、歴史や社会史の研究においては「ミドル・クラス」として片づけられる。ジエフリー・クロシックが『イギリスにおけるロウアー・ミドル・クラス』の序文で書いているように、「イギリスのロウアー・ミドル・クラスは歴史家からあまりにも注意を払われていない」階級なのである。

石膏でできた鹿の頭を壁に打ちつけるプーター氏。

しかし、事態は少しずつ変わっているようである。最近はロウアー・ミドル・クラスに特に焦点をあてた研究が増えているし、イギリスではH・G・ウェルズの「ロウアー・ミドル・クラス」小説がペーパーバックで再刊されている。第四章でも述べたように、チャールズ・プーター氏の日記はペーパーバックだけでも三種類は手に入るようになった。

私の日記を出版すればどうであろうか？　これまで、聞いたこともない人々の回顧録をたくさん見てきた。私が「ひとかどの人」でないからと言って、私の日記が興味をひかないということはないと思う。ただ一つ後悔しているのは、若いときに始めればよかったということだけである。

チャールズ・プーター

月桂樹荘
ブリックフィールド・テラス
ホロウェイ

ジョークや嘲笑の的としてだけでなく、「イギリスらしさ」の重要な一部として、ロウアー・ミドル・クラスおよびそのステレオタイプが見直されつつある。プーター氏もさぞ満足であろう。

おわりに

少し前までは、イギリスに住んでいたことを日本で話すと、「向こうは霧がすごいんでしょう」と聞いてくる人が必ずいた。主に、シャーロック・ホームズ、あるいは英文学愛好者ならばチャールズ・ディケンズの小説を読んで受けた印象なのだろうが（あるいは夏目漱石のロンドンものか）、「今はそんなことはないんですよ」というと、変な顔をする。しかしそれらの作品にでてくる、ほとんど固形物のようなどす黒い、あるいは黄色い霧は実は煤煙によって引き起こされるスモッグであり、家庭で石炭が使われることのない現在ではもう存在しないのだと説明すると、納得してくれる。一方、イギリスの階級社会や階級意識を話題にすると逆に「今でもそんなものがあるんですか？」と不思議がる人は多い。たしかに、自然現象（と思われるもの）は一〇〇年くらい経ってもそう簡単にはなくならないだろうが、ヴィクトリア朝の小説にでてくるような社会構造が現代の社会にそのまま残っているとは想像しがたいのも無理はないだろう。

二十世紀の後半にイギリスの社会はめまぐるしい変化をとげた。本文でも触れた、『ア・クラス・アクト』という一九九八年出版の階級論に「階級のない社会という神話」という副題がついていることからも、イギリスはもはや階級社会ではないという見方がイギリス国内にも広がっていることがわかる。努力をすれば、誰でも大学に行けるし、言葉の訛りをあえて直さなくても、高い地位について高い収入を得ることができる。階級が人生設計を左右するなどというのは過去のことである。現代のイライザ・ドゥーリトルは、なにも苦労して話し方を直さなくても、あれほどの意志と根性があれば、立派なキャリアを持つことができる。したがって今は階級なんて関係ない、そういう考え方が一般的だ。

しかし階級差別は少なくなってきても、階級意識はそう変わることはない。たとえば日本でも「英語についての九章」という題でＮＨＫで放映されたＢＢＣ制作の"The Story of English"というドキュメンタリー番組（一九八六年）では、名門パブリック・スクールに入学することができたワーキング・クラスの少年が、「僕はここに入学したときにはワーキング・クラスの訛りがあって、からかわれましたが、今はそれがなくなりました」と語る（彼の言葉にはかすかではあるが、訛りは残っているのであるが）。その口調は別に誇らしげでもなければ、恥じるようでもない。たんに事実を述べている、といったふうな淡々とした調子なのである。また、私のイギリスでの高校時代の同級生で、両親の主義で、小学校は地元の公立の学校に通っていたという子がいた。英文学のクラスで、『ピグメイリオン』を皆で朗読していたときに彼女は、「私は小学校ではワーキング・クラスのアクセントで話していて、家ではふつうの英語を話していたからバイリンガルなの」と言って、イライザの役をかってでた。日本人が、自分の出身が東北か、関東か、関西か、または標準語を話すか、方言を話すかということがらに対して抱く感覚と同じようなものを、イギリス人は「階級」に対して持っているのである。

イギリス人にとって、それと気づかれないほど当たり前になっているこの階級意識の中で、「ロウアー・ミドル・クラス」は特に興味を惹く存在である。同じ「ミドル・クラス」というカテゴリーに入れられていながら、アッパー・ミドル・クラスとの間にははっきりとした違いがある。それはあまりおもてだって言われることはないが、「ロウアー・ミドル・クラス」という言葉には、聞いた人が思わずくすっと笑うような、滑稽なイメージがまとわりつく。隣人の目を気にし、虚勢を張り、視野が狭く、心が狭く、趣味が悪い……実態はどうであれ、彼らのイメージは散々なのであるが、それがまた喜劇の格好の材料でもあり、また、そのいかにも哀れで人間臭いさまは、ペーソスにもあふれている。そしてこのような彼らのイメージを作りあげることによって、自分たちの優位を確認しようとするアッパー・ミドル・クラスの人々。

イギリスのミドル・クラスの中で暮らしていると、このような彼らの見栄やこだわりが腹立たしく、息のつまるようなものに思えることもある。しかし、ある程度距離を置いてみると、「アッパー」「ミドル」、そして「ロウアー」も含めたイギリスのミドル・クラスが、興味深く、愛すべき存在にさえ見えてくる。再び彼らの中に入っていったら、このような寛大な気持ちはまた薄れてしまうのかもしれないが。彼らに対するこういったアンビヴァレントな気持ちをこのような形で整理し、表現する機会を与えていただいたのをありがたく思う次第である。

最後に、本書の執筆にあたってさまざまな意見やインスピレーションを与えてくださった方々（主にお酒の席で）に感謝するとともに、いくつかの下書きを何度も丁寧に読んでくださり、貴重なアドヴァイスの数々をくださった、中公新書編集部の松室徹氏に心からお礼を申し上げたい。

二〇〇一年四月

新井潤美

主な参考文献

日本語文献

井野瀬久美恵『子どもたちの大英帝国——世紀末、フーリガン登場』中央公論社（中公新書）一九九二年

小池滋『英国流立身出世と教育』岩波書店（岩波新書）、一九九二年

欧文文献

Adonis, Andrew and Stephen Pollard. *A Class Act: The Myth of Britain's Classless Society*. London: Penguin Books, 1998.

Altick, Richard D. *Victorian People and Ideas*. London: J. M. Dent & Sons, 1974.

Arnold, Matthew. *Culture and Anarchy and Other Writings*. Ed. Stefan Collini. Cambridge: Cambridge University Press, 1993.

Bailey, Peter. *Leisure and Class in Victorian England: Rational Recreation and the Contest for Control, 1830-1885*. 1978. London: Methuen, 1987.

——. *Popular Culture and Performance in the Victorian City*. Cambridge: Cambridge University Press, 1998.

Baren, Maurice. *How It All Began: Up the High Street*. London: Michael O'Mara Books Ltds., 1996.

Beaumont, Francis and John Fletcher. *The Dramatic Works in the Beaumont and Fletcher Canon*. Ed. Fredson Bowers. vol. 1. Cambridge: Cambridge University Press, 1966.

Best, Geoffrey. *Mid-Victorian Britain, 1851-75*. 1979. London: Fontana Press, 1985.

Betjeman, John. *Letters*. Ed. Candida Lycett Green. 2 vols. London: Methuen, 1994-1995.

Blyton, Enid. *The Twins at St. Clare's*. 1941, London: Dean, 1997.

Booth, Charles. *Life and Labour of the People in London*. New York: AMS Press, 1970.

Bracewell, Michael. *England Is Mine: Pop Life in Albion from Wilde to Goldie*. London: HarperCollins, 1997.

Bradley, Ian, ed. *The Annotated Gilbert and Sullivan*. Penguin Books, 1982.

Cannadine, David. *Class in Britain*. New Haven & London: Yale University Press, 1998.

——. *The Decline and Fall of the British Aristocracy*. 1990. London: Macmillan, 1996.

——. *History in Our Time*. New Haven & London: Yale University Press, 1998.

Carey, John. *The Intellectuals and the Masses: Pride and Prejudice among the Literary Intelligentsia, 1880-1939*. London: Faber & Faber, 1992.

Clarke, William Spencer. *The Suburban Homes of London: A Residential Guide to Favourite London Localities, their Society, Celebrities, and Associations, with Notes on their Rental, Rates and House Accommodation.* London: Chatto & Windus, 1881.

Cole, G. D. H. *Studies in Class Structure*. London: Routledge & Kegan Paul, 1955.

Crossick, Geoffrey, ed. *The Lower Middle Class in Britain, 1870-1914*. London: Croom Helm, 1977.

Crossick, Geoffrey and Heinz-Gerhard Haupt, eds. *Shopkeepers and Master Artisans in Nineteenth-Century Europe*. London: Methuen, 1984.

Delafield, E. M. *The Diary of a Provincial Lady*. 1930. London: Virago Press, 1984.

Dobriner, William M. *Class in Suburbia*. Englewood Cliffs, N. J.: Prentice-Hall, 1963.

Dyos, H. J. *Victorian Suburb: A Study of the Growth of Camberwell*. Leicester: Leicester University Press, 1977.

Ensor, R. C. K. *England: 1870-1914*. 1936. Oxford: Oxford University Press, 1988.

Ferris, Paul. *The House of Northcliffe: A Biography of an Empire*. New York: World Publishing, 1972.

Fishman, Robert. *Bourgeois Utopias: The Rise and Fall of Suburbia*. New York: Basic Books, Inc., 1987.

Foulkes, Richard. *Church and Stage in Victorian England*. Cambridge: Cambridge University Press, 1997.

Grossmith, George and Weedon Grossmith. *The Diary of a Nobody*. 1892. Oxford: Oxford University Press, 1995.

Harris, Michael and Alan Lee, eds. *The Press in English Society from the Seventeenth to*

Nineteenth Centuries. London and Toronto: Associated University Presses, 1986.

Harrison, J. F. C. *Late Victorian Britain, 1875-1901*. Glasgow: Fontana Press, 1990.

Helps, Arthur, ed. *Leaves from the Journal of Our Life in the Highlands from 1848 to 1861 by Queen Victoria*. London: The Folio Society, 1973.

Hillier, Bevis. *Young Betjeman*. London: John Murray, 1988.

Hosgood, Christopher P. "The 'Knights of the Road': Commercial Travellers and the Culture of the Commercial Room in Late-Victorian and Edwardian England." *Victorian Studies*, 37. 4 (1994) : 519-547.

——. "Mrs Pooter's Purchase: Lower-Middle-Class Consumerism and the Sales, 1870-1914." *Gender, Civic Culture and Consumerism: Middle-Class Identity in Britain, 1800-1940*. Eds. Alan Kidd and David Nicholls. Manchester: Manchester University Press, 1999.

Howarth-Loomes, B. E. C. *Victorian Photography: A Collector's Guide*. London: Ward Lock Limited, 1974.

Hughes, M. V. *A London Family, 1870-1900*. Oxford: Oxford University Press, 1981.

Inwood, Stephen. *A History of London*. London: Macmillan, 1998.

Jackson, A. A. *Semi-Detached London: Suburban Development, Life and Transport, 1900-39*. London: Allen and Unwin, 1973.

Jackson, Holbrook. *The Eighteen Nineties: A Review of Art and Ideas at the Close of the Nineteenth Century*. 1913. London: The Cresset Library, 1988.

Jonson, Ben. *The Complete Plays of Ben Jonson*. Ed. G. A. Wilkes. Oxford: Oxford University Press, 1981.

Kidd, Alan, and David Nicholls, eds. *Gender, Civic Culture and Consumerism: Middle-Class Identity in Britain, 1800-1940*. Manchester: Manchester University Press, 1999.

Klein, Josephine. *Samples from English Cultures*. London: Routledge & Kegan Paul, 1965.

Lambourne, Lionel. *The Aesthetic Movement*. London: Phaidon Press, 1996.

Lockwood, David. *The Blackcoated Worker: A Study in Class Consciousness*. London: George Allen & Unwin, 1958.

Low, Sidney J. "The Rise of the Suburbs: A Lesson of the Census." *Contemporary Review*, 60 (1891) : 547-558.

Lowerson, John. *Sport and the English Middle Classes, 1870-1914*. Manchester: Manchester University Press, 1993.

Mason, Philip. *The English Gentleman: the Rise and Fall of an Ideal*. London: Random House, 1993.

McKibbin, Ross. *Classes and Cultures: England 1918-1951*. Oxford: Oxford University Press, 1998.

Middleton, Thomas. *Five Plays*. Eds. Bryan Loughrey and Neil Taylor. Penguin Books, 1988.

Mitford, Nancy, ed. *Noblesse Oblige: An Enquiry into the Identifiable Characteristics of the English Aristocracy*. 1956. Oxford: Oxford University Press, 1989.

Munich, Adrienne. *Queen Victoria's Secrets*. New York: Columbia University Press, 1996.

Newsome, David. *The Victorian World Picture: Perceptions and Introspections in an Age of Change*. New Jersey: Rutgers University Press, 1997.

Oliver, Paul, Ian Davis and Ian Bentley. *Dunroamin: The Suburban Semi and its Enemies*. London: Pimlico, 1981.

Orwell, George. *Coming Up for Air*. New York: Harcourt Brace & Co., 1950.

——. *Keep the Aspidistra Flying*. New York: Harcourt Brace & Co., 1956.

——. *The Road to Wigan Pier*. New York: Harcourt Brace & Co., 1958.

Parsons, Charles Edward. *Clerks: Their Position and Advancement*. London: Provost & Co., 1876.

Pearson, Hesketh. *The Life of Oscar Wilde*. 1946. Penguin Books, 1985.

Perkin, Harold. *Origins of Modern English Society*. 1969. London: Routledge, 1994.

——. *The Rise of Professional Society: England Since 1880*. London: Routledge, 1989.

Phillipps, K. C. *Language and Class in Victorian England*. Oxford: Basil Blackwell, 1984.

Pimlott, J. A. R. *The Englishman's Holiday: A Social History*. 1947. Sussex: Harvester Press, 1976.

Porter, Roy. *London: A Social History*. Cambridge, Massachusetts: Harvard University Press, 1994.

——, ed. *Myths of the English*. Cambridge: Polity Press, 1992.

Pound, Reginald. *Selfridge: A Biography*. London: Heinemann, 1960.

Priestley, J. B. *English Humour*. London: Heinemann, 1976.

Pym, Barbara. *Less Than Angles*. 1955. London: Grafton Books, 1980.

——. *No Fond Return of Love*. 1961. London: Grafton Books, 1981.

Rosenbaum, S. P., ed. *The Bloomsbury Group: A Collection of Memoirs, Commentary, and Criticism*. London: University of Toronto Press, 1975.

Savage, Jon. *England's Dreaming: Anarchy, Sex Pistols, Punk Rock and Beyond*. New York: St. Martin's Press, 1992.

Seaman, L. C. B. *Victorian England: Aspects of English and Imperial History, 1837-1901*. 1973. London: Routledge, 1990.

Silverstone, Roger, ed. *Visions of Suburbia*. London: Routledge, 1997.

Smiles, Samuel. *Self-Help: With Illustrations of Character and Conduct*. 1859. Penguin Books, 1986.

Smith, Albert. *The Natural History of the Gent*. London: Bogue, 1847.

Stein, Richard L. *Victoria's Year: English Literature and Culture, 1837-1838*. Oxford: Oxford University Press, 1987.

Thompson, F. M. L., ed. *The Rise of Suburbia*. Leicester: Leicester University Press, 1982.

Thomson, David. *England in the Nineteenth Century, 1815-1914*. 1950. Penguin Books, 1985.

Trevelyan, G. M. *English Social History: A Survey of Six Centuries, Chaucer to Queen*

Victoria. 1942. Penguin Books, 1967.

Weintraub, Stanley. *Victoria*. 1987. London: John Murray, 1996（スタンリー・ワイントラウブ『ヴィクトリア女王』全二巻、平岡緑訳、中央公論社、一九九三年）

Wells, H. G. *Experiment in Autobiography: Discoveries and Conclusions of a Very Ordinary Brain (since 1866)*. New York: Macmillan, 1934.

——. *The New Machiavelli*. 1911. London: J. M. Dent, 1994.

——. *The Wheels of Chance: A Holiday Adventure*. London: J. M. Dent & Co., 1896.

Whitaker, Wilfred B. *Victorian and Edwardian Shopworkers: The Struggle to Obtain Better Conditions and a Half-Holiday*. Newton Abbot: David & Charles, 1973.

Wiener, Martin J. *English Culture and the Decline of the Industrial Spirit 1850-1980*. Penguin Books, 1981.

Williams, Raymond. *Culture and Society, 1780-1950*. 1958. Penguin Books, 1985.

Woolf, Virginia. *A Moment's Liberty: The Shorter Diary*. London: Harcourt Brace and Company, 1990.

——. "Mr. Bennett and Mrs. Brown." *The Captain's Death Bed and Other Essays*. London: Hogarth Press, 1950.

Young, Arlene. *Culture, Class and Gender in the Victorian Novel: Gentlemen, Gents and Working Women*. London: Macmillan, 1999.

——. "Virtue Domesticated: Dickens and the Lower Middle Class." *Victorian Studies*, 39. 4

(1996)：483-511.

Young, G. M. *Victorian England: Portrait of an Age*. Oxford: Oxford University Press, 1983.

＊小説、戯曲、エッセーについては、日本では比較的知られていない、あるいは翻訳されていないと思えるもののみ記した。

ロウアー・ミドル・クラスのその後——学術文庫版あとがき

本書は二〇〇一年に中央公論新社から新書として出版された『階級にとりつかれた人びと——英国ミドル・クラスの生活と意見』に、少し修正を加えて復刊したものである。これは私の初めての単著だった。大学院の時の指導教授から、中公新書の編集者が、後期ヴィクトリア朝について書ける人を探しているとご紹介いただき、打ち合わせをしながら、後期ヴィクトリア朝といえば、「事務員《クラーク》」「郊外」「大衆向け読み物」「レジャー」などと話しているうちに、それらをすべてつなげる「ロウアー・ミドル・クラス」に焦点をあてたら、と考えるようになった。「ロウアー・ミドル・クラス」に関する私の個人的な体験に基づく興味については、本書の「はじめに」に書いたとおりだが、この題材について興味を持った理由はそれだけではなかった。

私は大学院の修士論文で、「英国風ユーモアの成立と展開——内と外から見た英国文化」という、かなり大胆なテーマを扱った。これは十四世紀のジェフリー・チョーサーの時代から現代まで、「ユーモア」を題材とする詩、演劇、小説、そして「ユーモア」を論じたエッセーや評論をとりあげて分析するという試みで、その結果、「ユーモア」とは何かを解明するのではなく、英国の文筆家が「英国独自のユーモア」とみなすものはどういうものなのかを、時代を追って考察するというものだった。

この試みが成功したかはともかく、少なくともこのおかげで私は十四世紀から二十世紀までの様々な文学テクスト、ジャーナリズム、エッセー、娯楽小説の類、そしてそれに関する二次資料を読みまくった。そしてその結果として見えてきた存在がロウアー・ミドル・クラスだったのである。しかも、特にヴィクトリア朝以降の喜劇的テクストに彼らの存在が大きいにもかかわらず、彼らに焦点をあてた評論や分析は、歴史研究でも文学でも文化史においてもほとんど（特に当時は）見られなかったのが不思議だった。

第一章でも紹介した、英国の歴史研究家ジェフリー・クロシックはその著書『イギリスにおけるロウアー・ミドル・クラス』の序文に次のように書いている。


イギリスのロウアー・ミドル・クラスは歴史家からあまりにも注意を払われていない存在である。このことは英国社会史の十分な理解を妨げてきた。（九ページ）

クロシックはその理由として、ロウアー・ミドル・クラスという階級が歴史において目立ったことをしていないということを挙げている。つまり従来の歴史研究において、彼らの存在感が薄いということだが、しかしながらこれまで見てきたように、十九世紀後半の小説や演劇、そして文芸雑誌にはロウアー・ミドル・クラスは主に揶揄や諷刺の対象として、時には同情や侮蔑をもって、たっぷりと描かれているのである。

そこでまずは、これらの一次資料、つまり戯曲や小説をとにかく読むことにした。今のように、著作権切れになった本をインターネットで読めるような時代ではなかったし、古本をネットで簡単に探すという時代でもなかった。勤めていた大学からの研究費を使い、夏休みになるとロンドンに行き、古本屋（今はロンドンでもその数が激減している）を歩きまわり、大英図書館でヴィクトリア朝の小説、戯曲、エッセーをひたすら読んだ。ロンドンのセント・パンクラス駅の近くにある現在の建物が使われ始めたのは一九九七年だが、その前は、大英図書館はブルームズベリーの大英博物館の中にあった。Rare Books（稀覯書）のリーディング・ルームでは鉛筆しか使えないため（図書館が移転してもそれは変わらないが、今ではパソコンが使えるし、自分の席で資料の写真を撮るのも許可されている）、引用したい文章を鉛筆でとにかくノートに写した。コピーは高いし、枚数も制限されるし、時間もかかる。こうして何時間も、「ジェント」や、事務員や郊外の「スミスさん一家」の物語を読んで写すに連れて、次第に彼らの見栄、苦労、悲哀、楽しみ、自己満足などがストレートに伝わってくるような気になった。

とは言え、彼らに特に感情移入するつもりはなかったし、また一方で、必要以上に冷ややかに扱う気もなかった。私自身がいろいろな文化の中で育ってきて、どこか一つの文化、国、階級の「産物」である意識がないためか、あくまでも「研究対象」として、客観的に、中立的に扱ってきたつもりである。なのに、私の最初の読者たちからは驚くほど「「ロウアー・ミドル・クラス」が可哀相」とか、「身につまされた」という感想を聞かされた。なにしろ最初の単著なので、嬉しくて友人や親戚にやたらに送りつけたのだが、そのうちの一人は「月桂樹荘の○○より」と書かれた礼状を送ってきたくらいだ。

つまり、これらのロウアー・ミドル・クラスは、ある意味では時代や文化を超えた、いわば「エヴリマン」(Everyman)なのだろう。彼らの虚栄や悲喜は現代社会の多くの人間に共有されるものであり、他国の文化のエキゾチックな表象ではないのである。それにもかかわらず、本書でたどってきたような歴史的、文化的産物としてのイギリスの「ロウアー・ミドル・クラス」の要素は、いかにそれが多くの人間に共有されていようとも、何か特殊な、ネガティヴな、あるいは滑稽なイメージを持ってしまうのである。

このイメージは、例えば二十一世紀になって、その存在がより顕著になった、いわゆるエスニック・マイノリティの表象にも見ることができる。ハニフ・クレイシの小説『郊外のブッダ』(一九九〇年)や、グリンダ・チャーダ監督の映画『ベッカムに恋して』(二〇〇二年)に見られるように、イギリスの旧植民地からの移民が、郊外の住宅地にセミ・ディタッチドの家と安定した生活を手に入れる。しかしその子供たちの世代は、両親が苦労して手に入れた、「イギリスのロウアー・ミドル・クラス」の生活に不満と倦怠を感じるのである。

彼らのこうしたリアクションは、従来のロウアー・ミドル・クラスの郊外否定と同様、その前の世代が苦労して得た安定への倦怠と反発なのであるが、小説や映画では、彼らの「エキゾチック」な要素と、イギリス的な「ロウアー・ミドル・クラス的」要素とのコントラストが、滑稽に表象されることが多い。

例えば『ベッカムに恋して』の主人公で、インド系イギリス人のジェスミンダの家は、郊外の「典型的な」セミ・ディタッチドの家である。ジェスミンダの姉の婚約パーティのために、家の外側が豆電灯で飾り付けられる。夜になるとその電灯がともされて暗闇の中で輝くが、セミ・ディタッチドなので、外から見ると、一軒の家の片側だけがキラキラと光る電灯に覆われて、もう片側は真っ暗という、奇妙な光景となるのである（ある大学の授業でこの場面を見せたところ、「この映画を見て、なぜ家の片側だけを電灯で飾るのか、昔から不思議に思っていたが、セミ・ディタッチドの説明を受けてようやく謎がとけた」と言っていた学生がいた）。

このように、イギリスの社会が変わっていっても、「ロウアー・ミドル・クラス」のイメージ、表象は基本的には変わらないのである。とは言え、現在の「ロウアー・ミドル・クラス」の人々の「実体」はどういうものなのだろうか。

一九九七年八月三十一日にウェールズ公妃ダイアナ（ダイアナ、プリンセス・オブ・ウェールズ。一九六一―九七年）がパリで事故死したときの英国国民の悲しみぶりは国際的にテレビで放送されて話題になった。「上唇を動かさない」(stiff upper lip)、つまり何があっても感情を見せず、なにごとにも動じないというのが伝統的な英国人のステレオタイプだが、これはアッパー・クラス及びアッパー・ミドル・クラスの紳士のステレオタイプでもある。直接会ったこともないダイアナ妃の死を悼んで、彼女の住居だったケンジントン宮殿に集まり、テレビカメラを前に声を上げて泣く人々の様子は英国の中でも大きな衝撃であり、メディアでは二十世紀末の今、英国人がいかに変わったかが大きく報じられ、書きたてられた。

この「感情の吐露」の原因の一つは、アメリカの影響だという意見もよく聞かれた。十九世紀後半のロウアー・ミドル・クラスの事務員の使うスラング表現が非難される際に、例えば滑稽誌『パンチ』の記事ではその多くが「ヤンキーの国から持ち込まれたもの」だと指摘しているが(『パンチ』一八九〇年二月一日号、五七ページ)、今回も、メディアを通して入ってくるアメリカ文化の「悪しき影響」が論じられた。『デイリー・メール』や各種タブロイド紙のセンセーショナルな報道に煽動されて公の場所で悲しみをあらわにする人々は、従来のアッパー・クラスやアッパー・ミドル・クラスが形成してきた英国人イメージとはかけ離れていたのである。

じっさい、英国でテレビを見ていると、そこに出ている「英国人」の多くはロウアー・ミドル・クラスに分類される人々だと言える。例えば現在の英国のテレビ番組はそのかなりの割合が視聴者参加型の「リアリティ・テレビ」(Reality TV)と呼ばれるジャンルのものだが、「リアリティ・テレビ」の参加者はその職業、話し方、生活などから、ロウアー・ミドル・クラスに分類される人々であることが圧倒的に多い。

リアリティ・テレビで最も有名なものは『ビッグ・ブラザー』だろう。この番組は一九九九年にオランダで放送され、翌年の夏にはイギリス版が「チャンネル４」局で放送された。タイトルは、ジョージ・オーウェルのＳＦ小説『一九八四年』に出てくる「常に人々を監視している存在」に由来する。『ビッグ・ブラザー』では互いに面識のない十人の参加者が一軒の家で、二か月ほどの期間にわたって共同生活を行う。視聴者は彼らの様子をテレビで見て、週に一度の投票（電話かネット）によって、そこから「立ち退く」べき人間を決める。残った参加者が三人になったところで、今度は視聴者はその中の「人気者」を投票で決め、そうして勝ち残った参加者が賞金を得るというしくみの番組である（参加者が互いに「立ち退き」の候補を決める、何かしらのタスクを与えられるなどという細かいルールもあるが、ここでは割愛する）。

この番組は「チャンネル４」局の最高視聴率番組となり、最終回には視聴者が一〇〇〇万人にのぼり、約八〇〇万人が投票したという。この番組のことが英国の権威ある経済紙、『フィナンシャル・タイムズ』でも報道された。『ビッグ・ブラザー』はその後もメンバーを変えて繰り返し放送され、二〇〇〇年から二〇一八年の間に一九回のシーズンを重ねた。この番組の人気の理由の一つは何と言っても、参加者たちが感情を剝き出しにして互いへの反感を示したり、本音を言い合ったりすることだろう。その後イギリスではこの種のリアリティ・テレビが非常に増えたが、いずれも参加者が互いを非難したり罵倒したり、その結果、涙にくれるといった「ドラマ」が繰り広げられている。

「チャンネル4」はまた、「ヒストリカル・リアリティ・テレビ」と呼ばれる一連の番組も制作している。二十世紀初頭、十八世紀、ヴィクトリア朝などと時代を設定して、そこでやはり一般の人々から参加者を募り、二か月か三か月の間、共同生活をさせるというものである。例えば日本でも『マナーハウス』というタイトルでDVDが販売された、原題『ザ・エドワーディアン・カントリー・ハウス』は、エドワード朝（一九〇一—一〇年）の准男爵の家での生活を再現する番組で、参加者は准男爵とその家族、そしてその家の様々な使用人の役割を担って、共同生活をする。『ビッグ・ブラザー』と違って、参加者が「立ち退き」を命じられることはないが、一番地位の低い「洗い場つきのメイド」として参加した若い女性が、始まってまもなく、「こんなつらい生活は嫌だ」と泣いてリタイアしたり、「下男」として参加した若い男性二人が飲み過ぎて翌日の仕事に支障をきたし、「執事」にこっぴどく叱られるなど、ドラマはつきない。また、番組のインタビューに答えて、参加者が互いをかなり遠慮なく批判しあうのも、イギリスのリアリティ・テレビの特徴の一つである。

これ以前にも、例えば視聴者参加型のクイズ番組は存在していたが、そのような番組の参加者は、同じロウアー・ミドル・クラスやワーキング・クラス出身でも、ずっと静かで礼儀正しかった。きちんとした服装でカメラの前に座り、緊張した面持ちで、余計なことは言わない。しかし今のリアリティ・テレビの参加者はだいぶ違う。カメラの前で感情を剥き出しにして、自己アピールも厭わない彼らの姿は、パフォーマンスの要素が多々あるとしても、従来の英国人のステレオタイプとは違う。実際にアッパー・クラスやアッパー・ミドル・クラスの人間がこのような行動をとるかとらないかということとは別に、ロウアー・ミドル・クラスから新たな「英国人像」がこうして発信されていることは明らかなのである。

二〇一八年八月二十五日の『タイムズ』紙の付録、『タイムズ・マガジン』に、英国の人気テレビ番組司会者サイモン・リーヴのインタビュー記事が載っていた。記事の冒頭には次のような記述があった。

> サイモン・リーヴ――モップのような髪、少年っぽく、少しダサくて、じっさいは、ほとんどの英国人がそうであるように、標準的なロウアー・ミドル・クラス出身――は新しいタイプのテレビ番組司会者だ。このタイプは、今までテレビに出ていた人々の大部分が収まっていた、二項対立の型を着実に破りつつあるのだ。

ここで記者の言う「二項対立の型」というのは「お上品（posh）かプロレタリア（prole）か」、つまりアッパー・ミドル・クラスかワーキング・クラスか、ということである。一九三〇年代に英国の公共放送BBCがテレビ放送を始めて以来、テレビのプレゼンターはアッパー・ミドル・クラス、あるいは彼らのような話し方をする人々だった。そもそも国民の啓蒙を目的の一つとするBBCではテレビのプレゼンター、特にニュースキャスターは、視聴者の信頼を得るだけでなく、一種の「権威」をも感じさせる、アッパー・クラスやアッパー・ミドル・クラスの発音で話す必要があった。「キングズ・イングリッシュ」や「クイーンズ・イングリッシュ」という言葉と共に「BBCイングリッシュ」という言葉が生まれたのも、このためである。これがつまり「お上品」な要素なのだが、そのうち、ドラマやコメディでは「個性的な労働者階級」のキャラクターも登場し始める。これが、「少しダサ」いロウアー・ミドル・クラスが入ることのない「二項対立」なのである。

そこにようやく、現実には英国人の大多数を占める「ロウアー・ミドル・クラス」のテレビ・プレゼンターが出現しつつある、というのだ。「じっさいは、ほとんどの英国人がそうであるように」というフレーズからも、英国において「ロウアー・ミドル・クラス」の存在がもはや周縁的なものではないことがわかる。そしてこのことは、今ようやく認められつつあるのだ。

一方で、英国のコラムニストで、准男爵でもあるファーディナンド・マウントは、英国の階級についての著書『間隔に注意――現在の英国の階級』(*Mind the Gap: The New Class Divide in Britain*)(二〇〇四年)において、興味深い情報を紹介している。二〇〇二年八月二十五日に実施された『サンデー・タイムズ』の世論調査において、英国の成人の三分の二が自らを「ワーキング・クラス」と分類したのである。マウントはこの結果について、彼らが「ミドル・クラス化という魅力」に抵抗したかったのだと、シニカルに分析している（二〇二ページ）。

郊外住宅地のセミ・ディタッチドの家は現在は非常にその資産価値が上がっており、今や「お洒落な」住居とさえみなされている。ロウアー・ミドル・クラスはもはや「哀れな嘲笑の的」ではなく、中心的な存在になっている。しかし十九世紀後半、潜在的な脅威であるが故に嘲笑と揶揄の対象として表象されてきた彼らが消費、文化、そして政治においても中心になりつつある今でも、小説、戯曲などの文学作品における彼らの表象の伝統と影響は根強く残っている。先に紹介したエスニック・マイノリティをめぐる表象も、その伝統と影響を受けつぐものの一つである。「ロウアー・ミドル・クラス」はその実体とは別に、十九世紀からのイメージを保ち続ける存在なのである。

二〇一九年十月

新井潤美

本書の原本『階級にとりつかれた人びと――英国ミドル・クラスの生活と意見』は、二〇〇一年に中央公論新社から中公新書の一冊として刊行されました。

新井潤美（あらい　めぐみ）

1961年生まれ。東京大学大学院比較文学比較文化専攻博士号取得（学術博士）。東京大学大学院教授。専門は英文学・比較文学。主な著書に『不機嫌なメアリー・ポピンズ』，『執事とメイドの裏表』，『魅惑のヴィクトリア朝』，『パブリック・スクール』，編訳書にジェイン・オースティン『ジェイン・オースティンの手紙』などがある。

講談社学術文庫

定価はカバーに表示してあります。

〈英国紳士《えいこくしんし》〉の生態学《せいたいがく》

ことばから暮《く》らしまで

新井潤美《あらいめぐみ》

2020年1月9日　第1刷発行
2021年4月26日　第5刷発行

発行者　鈴木章一
発行所　株式会社講談社
東京都文京区音羽 2-12-21 〒112-8001
電話　編集（03）5395-3512
販売（03）5395-4415
業務（03）5395-3615
装　幀　蟹江征治
印　刷　豊国印刷株式会社
製　本　株式会社国宝社
本文データ制作　講談社デジタル製作

ISBN978-4-06-518359-5

「講談社学術文庫」の刊行に当たって

これは、学術をポケットに入れることをモットーとして生まれた文庫である。学術は少年の心を養い、成年の心を満たす。その学術がポケットにはいる形で、万人のものになることは、生涯教育をうたう現代の理想である。

こうした考え方は、学術を巨大な城のように見る世間の常識に反するかもしれない。また、一部の人たちからは、学術の権威をおとすものと非難されるかもしれない。しかし、それはいずれも学術の新しい在り方を解しないものといわざるをえない。

学術は、まず魔術への挑戦から始まった。やがて、いわゆる常識をつぎつぎに改めていった。学術の権威は、幾百年、幾千年にわたる、苦しい戦いの成果である。こうしてきずきあげられた城が、一見して近づきがたいものにうつるのは、そのためである。しかし、学術の権威を、その形の上だけで判断してはならない。その生成のあとをかえりみれば、その根は常に人々の生活の中にあった。学術が大きな力たりうるのはそのためであって、生活をはなれた学術は、どこにもない。

開かれた社会といわれる現代にとって、これはまったく自明である。生活と学術との間に、もし距離があるとすれば、何をおいてもこれを埋めねばならない。もしこの距離が形の上の迷信からきているとすれば、その迷信をうち破らねばならぬ。

学術文庫は、内外の迷信を打破し、学術のために新しい天地をひらく意図をもって生まれた。文庫という小さい形と、学術という壮大な城とが、完全に両立するためには、なおいくらかの時を必要とするであろう。しかし、学術をポケットにした社会が、人間の生活にとってより豊かな社会であることは、たしかである。そうした社会の実現のために、文庫の世界に新しいジャンルを加えることができれば幸いである。

一九七六年六月

野間省一

杉本秀太郎著
平家物語 無常を聴く
『平家』を読む。それはかすかな物の気配に聴き入ることからはじまる――。「無常」なるものと向きあい、ゆれて定まらぬもの、常ならざるものを、不朽の古典をとおして描く、珠玉のエッセイ。大佛次郎賞受賞作。
1560

バーナード・リーチ著／柳 宗悦訳／水尾比呂志補訳
バーナード・リーチ日本絵日記
イギリス人陶芸家の興趣溢れる心の旅日記。独自の美の世界を創造したリーチ。日本各地を巡り、また、濱田庄司・棟方志功らと交遊を重ね、自らの日本観や芸術観を盛り込み綴る日記。味のある素描を多数掲載。
1569

小林章夫著
イギリス紳士のユーモア
卓抜なユーモアを通して味わう英国人生哲学。山高帽にこうもり傘、悠揚迫らぬ精神から大英帝国を彩るユーモアが生れた。当意即妙、グロテスクなほどブラック、自分を笑う余裕。ユーモアで読む英国流人生哲学。
1605

村井康彦著（解説・熊倉功夫）
千利休
精緻な論証が鮮やかに描き出した茶聖の実像。信長・秀吉との交流、草庵茶湯の大成、そして悲劇的な死――。天下一の宗匠の生涯と思想を究明し、さらに日本文化史における彼の位相をも探る、利休研究の名著。
1639

石川栄作著
ジークフリート伝説 ワーグナー『指環』の源流
ワーグナーの楽劇『ニーベルングの指環』の魅力は何か。その主人公ジークフリート像を古代ゲルマンの英雄伝説に遡り、その系譜を辿り、英雄伝説から脈々と流れるドイツ文化の特質とその精神の核心に迫る。
1687

ヒュギーヌス著／松田 治・青山照男訳
ギリシャ神話集
壮大無比なギリシャ神話の全体像を俯瞰する。紀元二世紀頃、ギリシャの神話世界をローマの大衆へ伝えるために編まれた、二七七話からなる神話集。各話は極めて簡潔に綴られ、事典的性格を併せもつ。本邦初訳。
1695

外国の歴史・地理

モンゴルと大明帝国
愛宕《おたぎ》松男・寺田隆信著

征服王朝の元の出現と漢民族国家・明の盛衰。チンギス＝カーンによるモンゴル帝国建設とそれに続く元の中国支配から明の建国と滅亡までを論述。耶律楚材の改革、帝位簒奪者の永楽帝による遠征も興味深く説く。

1317

朝鮮紀行 英国婦人の見た李朝末期
イザベラ・バード著／時岡敬子訳

百年まえの朝鮮の実情を忠実に伝える名紀行。英人女性イザベラ・バードによる四度にわたる朝鮮旅行の記録。国際情勢に翻弄される十九世紀末の朝鮮とその風土、伝統的文化、習俗等を活写。絵や写真も多数収録。

1340

アウシュヴィッツ収容所
ルドルフ・ヘス著／片岡啓治訳（解説・芝　健介）

大量虐殺の責任者R・ヘスの驚くべき手記。強制収容所の建設、大量虐殺の執行の任に当ったヘスは職務に忠実な教養人で良き父・夫でもあった。彼はなぜ凄惨な殺戮に手を染めたのか。本人の淡々と語る真実。

1393

古代中国 原始・殷周・春秋戦国
貝塚茂樹・伊藤道治著

北京原人から中国古代思想の黄金期への歩み。原始時代に始まり諸子百家が輩出した春秋戦国期に到る悠遠な時間の中で形成された、後の中国を基礎づける独自の文明。最新の考古学の成果が書き換える古代中国像。

1419

中国通史 問題史としてみる
堀　敏一著

歴史の中の問題点が分かる独自の中国通史。中国の歴史をみる上で、何が大事で、どういう点が問題になるのか。書く人の問題意識が伝わることに意を注ぎ古代から現代までの中国史の全体像を描き出した意欲作。

1432

コーヒー・ハウス 18世紀ロンドン、都市の生活史
小林章夫著

珈琲の香りに包まれた近代英国の喧噪と活氣。十七世紀半ばから一世紀余にわたりイギリスの政治や社会、文化に多大な影響を与えた情報基地。その歴史を通し、爛熟する都市・ロンドンの姿と市民生活を活写する。

1451